Descobrir Jogos Online Grátis

Disponível Aqui:

BestActivityBooks.com/FREEGAMES

5 DICAS PARA COMEÇAR

1) CÓMO RESOLVER LAS SOPA DE LETRAS

Os puzzles têm um formato clássico:

- As palavras estão escondidas sem espaços ou hífenes,...
- Orientação: As palavras podem ser escritas para a frente, para trás, para cima, para baixo ou na diagonal (podem ser invertidas).
- As palavras podem sobrepor-se ou intersectar-se.

2) APRENDIZAGEM ACTIVA

Ao lado de cada palavra há um espaço para anotar a tradução. Para encorajar a aprendizagem activa, um **DICIONÁRIO** no final desta edição permitir-lhe-á verificar e expandir os seus conhecimentos. Procure e anote as traduções, encontre-as no puzzle e adicione-as ao seu vocabulário!

3) MARCAR AS PALAVRAS

Pode inventar o seu próprio sistema de marcação - talvez já use um? Pode também, por exemplo, marcar palavras difíceis de encontrar com uma cruz, palavras favoritas com uma estrela, palavras novas com um triângulo, palavras raras com um diamante, e assim por diante.

4) ESTRUTURANDO A APRENDIZAGEM

Esta edição oferece um **CADERNO DE NOTAS** prático no final do livro. Nas férias, em viagem ou em casa, pode facilmente organizar os seus novos conhecimentos sem a necessidade de um segundo caderno!

5) JÁ TERMINOU TODAS AS GRELHAS?

Nas últimas páginas deste livro, na secção **DESAFIO FINAL**, encontrará um jogo gratuito!

Rápido e fácil! Consulte a nossa colecção de livros de actividades para o seu próximo momento de diversão e **aprendizagem**, a apenas um clique de distância!

Encontre o seu próximo desafio em:

BestActivityBooks.com/MeuProximoLivro

Aos vossos lugares, preparem-se...Vão!

Sabia que existem cerca de 7.000 línguas diferentes no mundo? As palavras são preciosas.

Adoramos línguas e temos trabalhado arduamente para criar livros da mais alta qualidade para si. Os nossos ingredientes?

Uma selecção de tópicos adequados à aprendizagem, três boas porções de entretenimento, e depois acrescentamos uma colherada de palavras difíceis e uma pitada de palavras raras. Servimo-los com amor e máximo divertimento, para que possa resolver os melhores jogos de palavras e se divirta a aprender!

A sua opinião é essencial. Pode participar activamente no sucesso deste livro, deixando-nos um comentário. Gostaríamos de saber o que mais lhe agradou nesta edição.

Aqui está um link rápido para a sua página de encomendas:

BestBooksActivity.com/Avaliacoes50

Obrigado pela vossa ajuda e divirtam-se!

A Equipa Inteira

1 - Dirigindo

```
P  A  P  A  M  P  Z  I  R  K  A  P  G  P  Y
Z  J  T  J  O  S  U  D  I  E  R  A  V  E  M
K  I  P  A  T  C  Z  T  S  O  N  S  A  P  O
O  C  E  Ć  O  O  P  R  E  Z  O  V  E  R  P
L  I  Š  A  R  F  N  U  N  C  A  K  И  A  D
A  L  A  R  K  P  S  U  L  I  C  I  A  E  A
Ž  O  K  B  D  A  C  I  A  T  P  E  Y  A  T
A  P  A  O  A  Z  M  Y  G  T  H  E  Y  J  V
R  A  P  A  U  S  P  I  C  U  B  G  M  A  R
A  J  Y  S  C  D  U  E  O  H  R  N  V  M  A
G  M  B  C  N  T  U  N  S  N  K  N  P  K  B
C  A  A  Ć  E  R  S  E  N  H  J  B  O  P  E
V  Z  U  I  C  И  R  D  T  M  C  E  S  S  G
K  O  Č  N  I  C  E  S  G  O  R  I  V  O  T
B  E  H  J  L  E  N  U  T  B  V  G  G  A  S
```

NESREĆA   MAPA
KAMION   MOTOR
KOLA   PEŠAK
GORIVO   OPASNOST
OPREZ   POLICIJA
PUT   ULICI
KOČNICE   SIGURNOST
GARAŽA   PREVOZ
GAS   SAOBRAĆAJA
LICENCU   TUNEL

2 - Antiguidades

```
N E O B I Č N O D P S T I L S
I I R Y A J I R E L A G S E K
M U G A L M Z P K U H Y K T U
J P S F G P T S O N T E M U L
S P U L C F A A R Y S U B C P
F P E I E Z K A A O A N N J T
V F N R N Y P E T P J E A A U
И J H Z A A T B I R I V T И R
K O V A N I C E V E Z K N L E
V R E D N O S T N D U J A H F
K V A L I T E T E M T P G K P
N A M E Š T A J G E N V E K P
S T A R I И И O Z T E E L A T
A U K C I J I B Z T И A E Z R
R E S T A U R A C I J A D U J
```

UMETNOST
DEKORATIVNE
ELEGANTAN
ENTUZIJAST
SKULPTURE
STIL
GALERIJA
NEOBIČNO
PREDMET

AUKCIJI
NAMEŠTAJ
KOVANICE
CENA
KVALITET
RESTAURACIJA
VEK
VREDNOST
STARI

3 - Churrascos

```
N  B  I  V  И  A  P  T  I  B  И  U  A  D  S
K  L  E  V  I  T  P  S  J  B  I  V  P  C  A
M  G  L  A  D  V  E  Č  E  R  A  B  K  L  L
A  U  A  G  V  Z  R  C  L  E  J  P  E  D  A
E  Y  Z  U  D  L  G  M  I  T  T  A  Ć  R  T
C  И  N  I  D  R  I  D  P  Z  P  R  U  C  E
J  E  H  A  K  A  Č  U  R  P  O  A  R  A  N
T  Y  P  T  I  A  N  L  E  O  R  D  V  Y  B
R  O  Š  T  I  L  J  I  C  Z  O  A  U  N  J
P  O  V  R  Ć  E  U  U  K  I  D  J  R  T  I
Y  H  Y  I  V  E  Ž  O  N  V  I  Z  Z  M  I
J  T  P  G  E  O  U  N  H  C  C  D  E  C  A
S  S  O  R  N  T  Ć  И  L  P  A  P  G  Z  D
A  O  M  J  U  E  F  E  F  R  Y  T  N  K  R
L  S  C  T  V  L  M  L  P  U  K  R  J  B  J
```

RUČAK	IGRE
POZIV	POVRĆE
DECA	SOS
NOŽEVI	MUZIKA
PORODICA	BIBER
GLAD	VRUĆE
PILE	SO
VOĆE	SALATE
ROŠTILJ	PARADAJZ
VEČERA	LETO

4 - Pesca

```
O V M D K И S Y S P L H N F S
S F I T D O И H L R K B T Y L
T P K L C O R E Z E J B M N E
R D M G I P F P T T B A R F P
P O J P Y C G R I E A D N A Y
L P B P S P E F F R C R S A P
J J L Š K R G E C I Ž L J D H
E M B A M E R P O V S C K S D
N И R N Ž C G K C A M A Č E M
J R L I N A E K O N K U V A R
A E G Ž A M J C U J S D J K P
H K N E A A D O V A E A И U A
J E R T A M D U T P N H M K D
J И I D P V U M P A F U P I P
S E Z O N A O P E R A J A E B
```

VODA	MAMAC
PERAJA	JEZERO
ČAMAC	VILICE
ŠKRGE	OKEAN
KORPI	STRPLJENJA
KUVAR	TEŽINA
OPREMA	PLAŽA
PRETERIVANJA	REKE
ŽICE	SEZONA
KUKA	

5 - Geologia

```
Y G G I O H Y H N J E U M K K
V O A U Z S L F I K S P P R O
M U J I C L A K J N E U C I R
M E L R K D V R A S R S J S A
I O P K S T A L A K T I T T L
N A S T A R L D L P O M I A V
E G A O N N R I E I J P E L H
R U D T R F K T N T L J F A M
A F N A E C P A I D M S S P B
L K G L V R G P L P E B K K Z
A A I P A A O E E A Z Y Z F L
L M E B K V F Z S Z O N I O R
S E И A T K P O I S L O J S B
T N E N I T N O K J T C V I P
S T A L A G M I T A E U V L N
```

KISELINE

SLOJ

KAVERNA

KALCIJUM

KONTINENT

KORAL

KRISTALA

EROZIJE

STALAKTIT

STALAGMITA

FOSIL

LAVA

MINERALA

KAMEN

PLATO

KVARC

SO

ZEMLJOTRES

VULKAN

ZONI

6 - Ética

```
L J U B A Z N O S T R Z И A R
D I P L O M A T S K E J Y B G
O P T I M I Z A M B M L B Z M
T L A J N E J L P R T S E R K
L A M G F A J N A V O T Š O P
R E A L I Z M A F I L T И N C
E Z D D T E J N A Ć E S O A S
F I L O Z O F I J E R O R J C
I N T E G R I T E T A R A N A
A L T R U I Z M A E N D Z D P
V R E D N O S T I Z C U U A H
I N T И A B N I P C I M M R O
G O Z R V N N U S A J J N A И
I I S K R E N O S T E C O S И
D O S T O J A N S T V O P E Z
```

ALTRUIZMA
LJUBAZNOST
SAOSEĆANJE
SARADNJA
DOSTOJANSTVO
DIPLOMATSKE
FILOZOFIJE
ISKRENOST
INTEGRITET

OPTIMIZAM
STRPLJENJA
RAZUMNO
REALIZMA
POŠTOVANJA
MUDROST
TOLERANCIJE
VREDNOSTI

7 - Tempo

```
T  S  O  N  Ć  U  D  U  B  C  P  D  N  A  A
R  L  J  G  V  K  E  V  G  E  N  U  R  U  D
E  U  D  V  U  S  A  N  A  D  S  A  D  A  E
N  F  G  E  A  O  N  L  S  V  T  S  L  Y  C
U  V  E  N  U  I  I  E  E  T  P  B  C  P  E
T  L  Ć  I  L  H  D  I  B  N  J  A  T  A  N
A  T  S  O  L  Š  O  R  P  P  D  U  P  H  I
K  S  A  T  N  P  G  I  R  M  M  A  T  D  J
G  O  D  I  Š  N  J  E  A  E  I  J  R  R  E
U  N  R  I  K  O  E  A  D  S  N  L  A  M  O
O  B  J  U  Č  E  D  A  N  E  U  E  F  B  Y
J  K  S  R  P  O  D  N  E  C  T  D  P  E  V
L  T  N  B  L  N  G  O  B  A  G  E  R  C  I
N  F  M  O  Z  N  T  H  E  B  G  N  E  H  J
B  P  Y  L  K  V  V  L  Z  S  P  Y  R  U  O
```

SADA	JUTRO
GODINA	PODNE
PRE	MESECA
GODIŠNJE	MINUT
KALENDAR	TRENUTAK
DECENIJE	NOĆ
DAN	JUČE
BUDUĆNOST	PROŠLOST
DANAS	NEDELJA
SAT	VEK

8 - Astronomia

```
D I O R E T S A J E U A G P Z
E Z P C L E S A T E K A R S R
H Y S И L J A U Z N E B O C A
A P E U G I C G P V H N J Z Č
T A R M S C I J P E E K P C E
K S V P L A N E T E R Ž Z T N
O T A I F T V N C Y O N Đ C J
S R T Z I I E R E I C Y O E A
M O O E M V N A S B F И G V Y
O N R M J A D L E M U G И B A
S O I L C R O O M B O L S Z Z
A M J J I G N S I J Z Y A A P
C J E E A I V D Y S V E M I R
R E J N E Č A R M O P Z A S K
F O U J A K R O E T E M J R N
```

ASTEROID
ASTRONOM
NEBO
SAZVEŽĐE
KOSMOS
POMRAČENJE
RAVNODNEVNICA
RAKETA
GRAVITACIJE
MESEC

METEOR
NEBULA
OPSERVATORIJE
PLANETE
ZRAČENJA
SOLARNE
SUPERNOVA
ZEMLJE
SVEMIR

9 - Acampamento

```
Š A M U Š T I J Y E И F T P B
V E V K R N L U S I N S E K T
U V Š A M E S E C T P A G A U
N E N I N A L P Z G N P T V F
U E K Ž R T Z A A C M M U A K
J J I I T O U Z P S V O B И A
L T B V J P E R L R V K U D N
P O N O E R Z C A P O N O K U
A C V T Z E И M V I S E Ć A E
G E U I E M B A Š A T O R Ć D
R P R N R A T P Z N H G U E I
M K R J O M D A I A R A C V M
T J R E R J G S G И P B B R P
P O Ž A R P R I R O D A P D U
T M A O M T A K A B I N E H Y
```

ŽIVOTINJE
AVANTURA
DRVEĆA
KOMPAS
KABINE
LOV
KANU
ŠEŠIR
KONOPAC
OPREMA

ŠUMA
POŽAR
INSEKT
JEZERO
MESEC
VISEĆA
MAPA
PLANINE
PRIRODA
ŠATOR

10 - Ficção Científica

```
U I D E E T E N A L P G P E I
T C I K A A Z J J N V T R K M
O M S S A J E N I C O V O S A
P B T T A K A S Z V P R P G
I T O R O N F A K U U L O L I
J U P E M S K P A C D L Č O N
E R I M S T L P L G L S I Z A
D R J N K V V D A H I V Š I R
I A A E E E P E G N R E T J N
D Ž L U U N И A P G Z T E E E
H O N E F A N T A S T I Č A N
K P H I K R O B O T A P N S E
O P J H P O K S O I B И O V D
A Y N И A A J K N J I G E G L
F U T U R I S T I Č K I Z K H
```

ATOMSKE
BIOSKOP
DALEKOJ
DISTOPIJA
EKSPLOZIJE
EKSTREMNE
FANTASTIČAN
POŽAR
FUTURISTIČKI
GALAKSIJA

ILUZIJE
IMAGINARNE
KNJIGE
TAJANSTVEN
SVET
PROROČIŠTE
PLANETE
ROBOTA
UTOPIJE

11 - Mitologia

```
P  P  O  B  H  E  R  O  I  N  A  A  T  T  R
A  K  N  И  E  B  D  B  N  U  V  R  L  B  G
N  И  N  B  J  S  I  N  D  H  P  H  D  P  Č
I  Y  E  J  N  U  M  R  B  P  U  E  R  O  U
V  Z  I  M  A  D  И  R  A  U  D  T  A  N  D
A  E  F  O  R  T  S  A  T  A  K  I  T  A  O
J  O  P  H  A  U  S  B  E  N  J  P  N  Š  V
L  Z  N  Z  V  I  D  V  O  Y  O  H  I  A  I
M  A  R  U  T  L  U  K  I  B  R  S  K  N  Š
R  D  V  O  S  I  H  V  U  S  E  N  T  J  T
G  N  P  I  O  S  V  E  T  A  H  K  T  E  E
J  E  Z  U  R  S  T  V  O  R  E  N  J  E  B
Y  G  N  P  N  I  L  J  U  B  O  M  O  R  E
S  E  Z  P  O  Z  N  M  A  G  I  Č  N  E  I
U  L  A  E  U  I  N  T  R  M  S  N  A  G  E
```

ARHETIP	HEROJ
LJUBOMORE	BESMRTNOST
PONAŠANJE	LAVIRINT
STVARANJE	LEGENDA
STVORENJE	MAGIČNE
KULTURA	ČUDOVIŠTE
KATASTROFE	SMRTNI
SNAGE	MUNJE
RATNIK	GRMLJAVINA
HEROINA	OSVETA

12 - Medições

```
C K M A R G D U B I N A C N U
E A I I T P P E R P E N T P A
N M U L N D P И K M P I O B Z
T T U H O U J U P A E S H K M
I D P J B G T M D A T I D I A
M P E F G Z R F Y N S V P L S
E P B C P R A A N I Ž E T O E
T K R R I B K N M R B I R M H
A S O L G M Z O Z I T U L E J
R A I N Č A A T A Š A D A T T
E H Z N E M U L O V D U B A U
T E Y L I T A R N U И Ž Z R P
C P A V N B A J T E H I G R K
M E T A R И N J H G K N A R A
K R P V N K E И I V C A D P G
```

VISINA

BAJT

CENTIMETAR

DUŽINA

DECIMALNE

GRAM

STEPEN

ŠIRINA

LITAR

MASE

METAR

MINUT

UNCA

TEŽINA

INČA

DUBINA

KILOGRAM

KILOMETAR

TONA

VOLUMEN

13 - Álgebra

```
P U S P J G T U L U M R O F P
F R A O D S E K I Š E R L И R
R M O S R H G A N E C E N B O
A A K M A F И T E N Ž A L K B
K T O O E T N R A K M P K B L
C R L D A N J A R K S E B R E
I I I U Z E L G N J N Z И O M
J C Č Z A N P J E U Y U J J F
A A I I G O A B I G P Z L M T
O T N M R P И G R V I T K A K
И N A A A S R O T K A F M V V
A U V D K J E D N A Č I N A
H D K J A E D I J A G R A M M
C D U E R E Š E N J E Y K R B
E T R B F I O A R U B R S E C
```

DIJAGRAM
ODSEK
JEDNAČINA
EKSPONENT
LAŽNE
FAKTOR
FORMULU
FRAKCIJA
BESKRAJNA
LINEARNE

MATRICA
BROJ
ZAGRADA
PROBLEM
KOLIČINA
REŠI
REŠENJE
ODUZIMANJE
PROMENLJIVA
NULA

14 - Plantas

```
И  J  I  J  C  И  O  Y  C  K  O  D  N  Z  P
H  L  Z  S  V  H  I  V  I  O  R  O  L  A  A
B  V  F  G  E  Ć  Š  I  L  R  L  P  F  V  S
B  E  S  U  T  K  A  K  L  E  R  O  L  F  U
H  A  R  U  D  J  M  C  Y  N  V  B  Đ  L  L
E  V  Š  R  B  F  U  V  M  G  A  O  U  A  J
R  E  И  T  I  M  Š  P  N  G  R  T  B  T  R
B  G  B  I  A  L  A  V  A  R  T  A  R  I  R
Y  E  A  G  B  M  N  B  J  M  G  N  I  C  H
I  T  N  T  G  M  I  И  L  R  R  I  V  A  G
H  A  E  F  G  I  V  K  Š  P  И  K  A  R  E
P  C  V  Z  U  I  O  R  R  A  R  E  H  N  P
T  I  K  V  K  A  H  Z  B  K  U  M  V  P  И
H  J  G  V  P  P  A  M  H  A  C  T  И  O  G
B  E  Z  A  I  S  M  P  G  O  D  R  V  O  D
```

GRM	FLORE
DRVO	ŠUMA
BERRI	LIŠĆE
BAMBUS	TRAVA
BOTANIKE	BRŠLJAN
KAKTUS	BAŠTA
HERB	MAHOVINA
PASULJ	LATICA
ĐUBRIVA	KOREN
CVET	VEGETACIJE

15 - Veículos

```
T  I  Y  T  G  P  M  J  A  Z  L  P  M  S  A
F  N  P  H  Š  A  T  L  B  V  И  C  K  V
G  A  E  M  E  M  R  A  C  A  B  V  B  U  I
E  V  И  T  Y  L  O  B  S  P  I  E  И  T  O
C  A  M  A  Č  Z  I  P  U  I  C  K  A  E  N
H  R  T  M  A  P  R  K  B  И  I  O  T  R  P
K  A  M  I  O  N  H  F  O  K  K  L  A  M  O
H  K  A  H  H  G  H  B  T  P  L  A  K  E  D
M  O  T  O  R  I  G  G  U  T  T  V  S  T  M
M  O  E  J  R  O  T  K  A  R  T  E  I  R  O
K  D  K  H  J  R  C  N  G  A  U  A  R  O  R
P  V  A  L  P  S  H  Z  U  J  J  Z  O  I  N
A  J  R  Z  M  C  U  H  S  E  M  U  G  K  I
B  C  P  H  O  M  G  И  B  K  F  J  R  L  C
И  U  N  T  U  D  A  M  O  T  M  M  R  G  E
```

HITNU	SPLAV
AVION	SKUTER
TRAJEKT	METRO
ČAMAC	MOTOR
BICIKL	AUTOBUS
KAMION	GUME
KARAVAN	PODMORNICE
KOLA	TAKSI
RAKETA	ŠATL
HELIKOPTER	TRAKTOR

16 - Engenharia

```
C D R T P V A A U G A O T E P
Z A B R O T O M O R T G E N R
O V L E Z I D H V C R N Č G E
O S E N D I J A G R A M N И Č
I D A J I C K U R T S N O K N
U T Z A E N E R G I J A G Z I
D I S T R I B U C I J A P I K
M A G O D I M E N Z I J E G M
O E G A N S S T R U K T U R A
B D R K D L E L O P P R J S N
R U И E F Z I D N M O Y J R I
A B P M N R H B R A G S M Y Š
Č I A B R J S H A E O M I B A
U N U O Y И E A C T N P A J M
N A I K M N R U Z S S M H O V
```

TRENJA	ENERGIJA
UGAO	STABILNOST
OBRAČUN	STRUKTURA
KONSTRUKCIJA	SNAGE
DIJAGRAM	TEČNOG
PREČNIK	MAŠINA
DIZEL	MERENJE
DIMENZIJE	MOTOR
DISTRIBUCIJA	DUBINA
OSE	POGON

17 - Restaurante # 2

```
N K K T J I P R U Č A K P C P
P A O F A P U S O U K U S N O
G C P E J A T J J J A U V L A
V I Y I A M S V O Ć E И R P
U L Z N T N O V U Z E Z V G K
Y O T F S A I E Ć R V O P Y T
F T P И J K Č L S Y Y R I A
R S B C L R V E E E Y K F E O
K E L N E R I R O B D P Y O J
D O R A N Y L A T R O T F J I
I L R Z M O J R I B E V O D A
S S N E P R U A L K L R N U Z
D D И R V A Š K A Š I K A A I
И O G A P K K F Z A Č I N I V
J P И J U Z A T A L A S V P K
```

RUČAK
VODA
NAPITAK
TORTA
STOLICA
KAŠIKA
UKUSNO
ZAČINI
VOĆE
KELNER

VILJUŠKA
LED
VEČERA
POVRĆE
REZANCI
JAJA
RIBE
SO
SALATA
SUPA

18 - Países #2

```
F G D A C P P M F D E L O G H
J A M A J K A E R L A J O P A
R U S I J A K K A I J N A R I
P I U A S J S S N L I R S N T
A N G N I I R I C L R N A K I
K D A G R N I K U G E E H A A
I O N R I A A O S J G P H К И
S N D Č J B S N K A I A J K U
T E I K E L D V E P N L E B K
A Z R E P A M C Z A A K I H R
N I L A O S Y F A N B A V V A
E J Z J I A V Z P E I F V F J
S A N H M E S O M A L I J E I
И A J K T Y J K P Z A T S H N
T D T C Y G L I S K I P B G A
```

ALBANIJA
DANSKA
FRANCUSKE
GRČKE
HAITI
INDONEZIJA
IRSKA
JAMAJKA
JAPAN
LAOS

LIBAN
MEKSIKO
NEPAL
NIGERIJA
PAKISTAN
RUSIJA
SIRIJE
SOMALIJE
UKRAJINA
UGANDI

19 - Material de Arte

```
S  T  O  P  Y  S  C  A  K  A  H  И  S  A  P
B  L  P  C  I  Y  I  И  V  U  S  G  T  K  И
O  O  M  A  S  T  I  L  O  B  D  U  A  V  O
A  T  J  E  G  C  V  P  V  Y  A  M  L  A  Z
N  P  L  E  A  R  E  M  A  K  D  I  A  R  И
U  G  A  L  J  L  K  A  V  A  G  C  K  E  A
K  R  E  A  T  I  V  N  O  S  T  A  P  L  L
A  I  K  D  A  R  O  O  C  V  Y  D  T  I  S
G  P  T  O  P  K  L  E  J  Z  A  A  L  N  T
C  A  E  V  L  A  O  G  V  И  I  J  P  Z  B
K  P  Č  J  И  E  S  S  T  O  L  I  C  A  T
G  A  O  K  Z  E  P  T  G  U  L  J  E  Z  P
F  S  N  Y  O  L  H  A  E  L  U  M  C  K  V
A  H  K  E  B  K  F  V  K  L  I  R  H  A  G
G  S  P  E  T  L  L  J  И  Y  A  G  N  I  P
```

AKRIL	BOJE
GUMICA	KREATIVNOST
AKVARELI	ČETKE
KLEJ	OLOVKE
VODA	STO
STOLICA	ULJE
UGALJ	PAPIR
STALAK	PASTELA
KAMERA	MASTILO
LEPAK	

20 - Números

```
R Z U K E C A Y K E H P N J D
V Y A K N U F T Z L U E B F I
J J D V P S H R J H M T L T R
C G E T E T E S E D A N U S I
Z H V P P R A D S J K A P E T
C B E A U I R T A V D E P A E
A V T P H N D K B M A S O N Č
S E D A M A Z E Y R N T A S U
A И H L P E V E C Š N A D E J
T S F U J S A U C I E O E Š F
T A I N I T O R D E M S M S P
E O S A M N A E S T H A T K T
Č E T R N A E S T H R C L A H
D V A D E S E T N P I E A N И
D V A N A E S T M R F A A A E
```

PET

DECIMALNE

DESET

ŠESNAEST

SEDAMNAEST

OSAMNAEST

DVA

DVANAEST

DEVET

OSAM

ČETRNAEST

ČETIRI

PETNAEST

ŠEST

SEDAM

TRINAEST

TRI

JEDAN

DVADESET

NULA

21 - Física

```
M A G N E T I Z A M D R E M G
H M N O R T K E L E M B V V R
A A U L U M R O F N O Y M P A
O S G B A B A A C I T S E Č V
S E L A R Z K M A T O L M R I
L P H S S Z R A J S R E E E T
F N P A A P I E S U G K H L A
I P U V G Z P N V G E B A A C
M O L E K U L I E I J C N T I
N U K L E A R N E Z N E I I J
F R E K V E N C I J A U K V E
T Y P E K N N I N J Z G E N T
A A T O M B P C V Y R P K O A
H E M I J S K E Y J B T B S H
Y K A O V O N A G M U E L T Y
```

UBRZANJE	MASE
ATOM	MEHANIKE
HAOS	MOLEKUL
GUSTINE	MOTOR
ELEKTRON	NUKLEARNE
FORMULU	ČESTICA
FREKVENCIJA	HEMIJSKE
GAS	RELATIVNOST
GRAVITACIJE	UNIVERZALNA
MAGNETIZAM	BRZINE

22 - Especiarias

```
K  K  K  Đ  O  R  Č  A  R  O  M  O  K  P  V
A  A  D  U  K  T  M  V  N  A  R  F  A  Š  L
R  R  Z  M  T  O  U  E  Ć  I  D  A  L  S  U
D  A  B  B  A  H  R  Y  N  R  S  R  J  I  K
A  И  I  L  A  O  I  Y  A  U  A  Y  J  P
M  F  J  R  S  K  A  Y  J  K  K  H  O  P  Z
O  I  F  И  C  A  T  B  F  A  U  D  J  G  И
M  L  S  O  N  K  B  R  F  Y  N  I  M  U  K
D  I  L  F  R  R  E  B  I  B  G  D  P  H  S
C  Ć  L  V  T  O  L  E  S  I  K  A  E  C  G
T  I  J  M  O  G  I  V  A  N  I  L  E  R  P
K  T  M  K  E  J  L  C  J  V  B  B  A  U  Y
N  R  J  E  R  V  U  P  G  A  U  E  S  B  A
B  A  K  M  T  N  K  L  P  I  U  C  G  I  P
D  O  V  N  D  L  E  N  C  S  N  G  O  P  G
```

ŠAFRAN	LUK
SLADIĆE	KORIJANDER
BELI LUK	KUMIN
GORKA	KARANFILIĆ
ANISA	SLATKO
KISELO	KOMORAČ
VANILE	ĐUMBIR
CIMET	BIBER
KARDAMOM	UKUS
KARI	SO

23 - Países #1

```
S  I  C  B  G  F  I  N  S  K  A  S  C  H  M
P  E  S  I  N  A  J  J  N  E  N  C  Y  Y  A
E  M  N  O  Y  O  R  Z  P  H  Y  U  A  M  L
I  G  A  E  Z  B  S  F  O  R  U  A  B  M  E
O  A  I  R  G  P  O  L  J  S  K  A  R  Z  U
O  R  L  P  O  A  J  I  N  A  P  Š  Z  C  C
A  D  A  N  A  K  L  Z  N  K  E  G  Y  Y  E
M  I  M  C  H  T  O  A  K  Š  E  V  R  O  N
I  N  D  I  J  A  A  R  O  D  A  V  K  E  E
J  N  S  C  U  R  H  B  T  R  N  P  K  Y  V
M  Y  G  N  A  P  A  N  A  M  A  A  D  P  J
N  E  M  A  Č  K  A  I  T  A  L  I  J  A  P
H  O  N  U  A  K  A  M  B  O  D  Ž  E  J
E  T  U  N  A  R  I  Z  R  A  E  L  N  I  A
O  C  A  E  P  I  N  I  K  A  R  A  G  V  A
```

NEMAČKA	ITALIJA
BRAZIL	INDIJA
KAMBODŽE	MALI
KANADA	MAROKO
EGIPAT	NIKARAGVA
EKVADOR	NORVEŠKA
ŠPANIJA	PANAMA
FINSKA	POLJSKA
IRAK	SENEGAL
IZRAEL	VENECUELA

24 - A Mídia

```
P  P  И  E  U  K  M  F  V  Z  I  K  Č  M  S
L  O  F  U  K  P  R  T  O  E  N  R  I  E  T
P  I  J  R  O  V  E  A  V  K  T  A  N  P  A
A  D  L  E  V  E  Ž  L  R  O  E  Z  J  O  V
I  A  K  O  D  C  A  G  V  M  L  I  E  N  O
I  R  Z  D  K  I  B  J  R  U  E  Z  N  L  V
N  N  U  D  C  A  N  G  F  N  K  D  I  I  A
L  U  D  И  Z  P  L  A  H  I  T  A  C  N  L
A  И  B  U  S  U  Y  N  C  K  U  N  E  E  F
T  N  Z  Y  S  Y  A  S  I  A  A  J  N  Y  Y
I  M  G  S  A  T  F  M  N  C  L  E  T  C  E
G  P  J  P  N  S  R  S  V  I  N  P  B  G  A
I  N  O  V  I  N  E  I  A  J  E  O  E  Z  Y
D  S  C  R  T  R  B  U  J  A  P  B  И  J
N  E  J  N  A  R  I  S  N  A  N  I  F  N  A
```

STAVOVA
KOMUNIKACIJA
DIGITALNI
IZDANJE
ČINJENICE
FINANSIRANJE
POJEDINAC
INDUSTRIJA

INTELEKTUALNE
NOVINE
LOKALNI
ONLINE
JAVNI
RADIO
MREŽA

25 - Casa

```
Y K T S N J G J Z J P C P Z D
D M U Z L D P Y I T C H L A Z
И H Š Z B V K F T И V K A V P
O B I B L I O T E K E U F E E
G O N P P O J U И R I H O S G
R И G A E U S H G K R I N E A
A E И L M T B J E O T N N C R
D I Z P E E И K O R G J P И A
E Y R S Y D Š I M A T A R V Ž
O D U N A V A T A D K B O A A
S L A V I N A L A Y A O Z T T
M E T L A N A Y O J M S O Z Š
U B Y Z E F I M V R I K R H A
H N G N И P M M V P N T B Y B
T A S T E R I P C O V I L M A
```

BIBLIOTEKE	KAMIN
OGRADE	NAMEŠTAJ
TASTERI	ZID
TUŠ	VRATA
ZAVESE	SOBA
KUHINJA	TAVANU
OGLEDALO	TEPIH
GARAŽA	PLAFON
PROZOR	SLAVINA
BAŠTA	METLA

26 - Vegetais

```
E  Y  Š  G  K  F  C  N  N  K  U  M  R  H  P
O  E  A  V  R  E  L  E  C  P  H  R  O  M  A
S  G  R  N  I  A  V  U  E  A  P  P  T  G  R
P  S  G  H  T  Z  Š  A  N  T  K  E  K  L  A
A  I  A  K  Š  O  I  K  C  L  R  R  V  J  D
N  D  R  O  Y  A  I  U  A  I  O  Š  I  I  A
A  P  E  R  J  T  L  L  V  D  M  U  C  V  J
Ć  G  P  I  O  A  O  O  A  Ž  P  N  A  A  Z
B  G  A  H  D  L  K  M  T  A  I  R  L  E  M
U  U  U  P  E  A  O  F  S  N  R  T  F  R  T
E  A  N  I  U  S  R  A  A  Z  N  C  A  S  Z
L  L  P  D  A  K  B  Y  R  I  B  M  U  Đ  L
И  C  G  H  E  S  G  N  K  U  L  I  L  E  B
S  R  F  G  Z  V  A  R  T  I  Č  O  K  E  A
Y  C  H  P  G  A  E  L  B  M  R  L  R  O  Y
```

BUNDEVE
CELER
ARTIČOKE
BELI LUK
KROMPIR
PATLIDŽAN
BROKOLI
LUK
ŠARGAREPA
ŠALOT

GLJIVA
GRAŠKA
SPANAĆ
ĐUMBIR
REPA
KRASTAVAC
ROTKVICA
SALATA
PERŠUN
PARADAJZ

27 - Balé

```
N  A  J  A  Ž  A  R  Z  I  S  B  H  Y  O  C
A  J  T  P  C  P  C  C  S  B  A  V  H  V  S
V  P  S  L  P  L  A  N  D  N  L  A  A  F  A
V  F  M  A  L  E  R  A  T  S  E  K  R  O  I
P  E  H  U  J  S  I  Z  S  A  R  I  O  Y  N
U  K  Š  Z  B  A  Z  O  E  T  I  N  T  S  T
B  Č  S  T  O  Č  F  I  G  F  N  H  I  Z  E
L  I  I  O  I  A  B  C  S  N  A  E  Z  K  N
I  N  S  I  L  N  I  A  T  I  B  T  O  I  Z
K  T  C  J  S  O  A  R  I  I  D  S  P  K  I
E  E  V  E  Ž  B  A  G  L  P  P  D  M  C  T
N  M  R  I  T  A  M  P  P  I  R  B  O  O  E
O  U  D  V  И  U  L  G  R  L  G  O  K  F  T
D  U  G  N  M  U  Z  I  K  A  J  O  B  S  M
K  O  R  E  O  G  R  A  F  I  J  A  B  E  B
```

APLAUZ
UMETNIČKE
BALERINA
KOMPOZITOR
KOREOGRAFIJA
PLESAČA
PROBE
STIL
IZRAŽAJAN
GEST

GRACIOZAN
VEŠTINA
INTENZITET
MUZIKA
ORKESTAR
VEŽBA
PUBLIKE
RITAM
SOLO
TEHNIKA

28 - Adjetivos #1

```
B A O D U E B F A M T B V A Y
L P E U B G R V R O A I H U B
N S V M S Z E A O V И C E P K
C O E E I O N Ž M R D R Z A C
O L L T T T V N A E H Z J И A
Z U I N A I I O T D T E Š K A
B T K I N Č T И I N V Z S A K
I N O Č A N K H Č E Y K A H Z
L E D K K E A O N E Š R V A S
J T U E L A R R O I T A P И C
A M Š A K H T K E M S A J A J
N C A D U B A O И D H K M J U
A Y N O G R O M A N O F R N G
V E L I K A S P O R O M R E O
T A J A N S T V E N A C M V N
```

APSOLUTNE
AROMATIČNO
UMETNIČKE
ATRAKTIVNE
OGROMAN
TAMNO
EGZOTIČNE
TANAK
VELIKODUŠAN
VELIKA

ISKREN
VAŽNO
SPORO
TAJANSTVEN
MODERAN
SAVRŠENO
TEŠKA
OZBILJAN
VREDNE

29 - Psicologia

```
S  F  E  J  I  C  P  E  C  R  E  P  U  Z  J
U  U  G  P  B  A  O  N  S  E  V  S  E  N  E
T  A  И  S  J  N  N  Z  P  O  G  E  V  Y
I  J  F  O  T  F  A  K  L  I  N  I  Č  K  E
C  I  E  P  B  Z  Š  V  V  U  S  N  A  A  B
A  C  R  И  И  A  A  M  T  L  B  A  I  V  L
J  A  B  V  S  J  N  E  I  S  C  Y  R  T  I
A  Z  D  Y  O  I  J  O  P  S  U  V  G  S  Č
S  N  K  A  S  C  E  A  P  U  L  K  H  J  N
R  E  A  L  N  O  S  T  R  V  P  I  S  N  O
U  S  J  Y  A  M  L  L  O  A  U  C  N  I  S
J  F  A  G  S  E  M  H  C  P  O  G  P  T  T
P  R  O  B  L  E  M  R  E  И  И  P  V  E  I
P  O  D  S  V  E  S  T  N  H  Y  O  G  D  O
S  A  S  T  A  N  A  K  A  S  J  C  B  A  И
```

PROCENA
KLINIČKE
PONAŠANJE
SASTANAK
SUKOBA
EGO
EMOCIJA
ISKUSTVA
NESVESNO
DETINJSTVA

UTICAJA
MISLI
PERCEPCIJE
LIČNOSTI
PROBLEM
REALNOST
SENZACIJA
SNOVE
PODSVEST

30 - Paisagens

```
K  I  Y  E  Y  H  C  J  M  G  P  N  V  И  P
C  N  U  N  S  O  P  S  O  V  R  T  S  O  N
H  K  D  B  R  D  O  P  Č  R  G  I  A  V  A
P  L  A  N  I  N  E  Z  V  T  E  K  E  R  D
U  M  P  O  A  A  R  E  A  L  Z  Z  P  N  H
F  H  O  M  P  E  D  V  R  V  A  L  E  И  M
C  O  D  C  C  K  N  P  A  T  O  P  P  J  V
D  V  O  M  D  O  U  J  Ž  E  Y  D  K  I  N
O  U  V  G  O  R  T  A  A  D  C  F  M  J  F
L  L  I  R  E  R  A  U  L  P  E  Ć  I  N  E
I  K  L  B  E  P  E  E  P  S  U  F  И  I  Y
N  A  A  P  O  L  U  O  S  T  R  V  O  T  P
I  N  Z  P  I  G  Z  P  O  H  P  H  I  S  O
L  E  D  E  N  O  G  B  R  E  G  A  V  U  L
G  L  E  Č  E  R  U  L  V  Z  K  P  K  P  M
```

VODOPAD
PEĆINE
BRDO
PUSTINJI
GLEČER
ZALIV
LEDENOG BREGA
OSTRVO
JEZERO
MORE

PLANINE
OAZE
OKEAN
MOČVARA
POLUOSTRVO
PLAŽA
REKE
TUNDRE
DOLINI
VULKAN

31 - Dança

```
I  I  R  E  M  O  C  I  J  A  H  R  A  S  K
I  Z  I  G  J  V  P  C  U  Y  G  A  K  T  O
M  R  T  R  A  A  T  R  K  M  B  D  A  G  R
U  A  A  E  A  O  B  B  O  H  E  O  D  P  E
Z  Ž  M  J  Z  V  E  K  H  B  Z  S  E  I  O
I  A  T  S  O  N  T  E  M  U  E  N  M  P  G
K  J  K  U  L  T  U  R  N  I  S  O  I  A  R
A  A  R  U  T  L  U  K  F  A  J  M  J  R  A
A  N  L  L  G  M  K  K  H  T  B  E  E  T  F
T  R  A  D  I  C  I  O  N  A  L  N  I  N  I
E  T  V  I  Z  U  E  L  N  I  S  A  H  E  J
R  E  L  G  E  E  A  Z  A  И  F  T  И  R  A
K  L  A  P  D  K  I  A  U  S  I  G  A  A  B
O  O  T  E  G  K  L  A  S  I  Č  N  E  V  O
P  L  C  B  O  Y  F  E  N  S  И  D  H  U  E
```

AKADEMIJE
RADOSNO
UMETNOST
KLASIČNE
KOREOGRAFIJA
TELO
KULTURA
KULTURNI
EMOCIJA
PROBE

IZRAŽAJAN
GREJS
POKRET
MUZIKA
PARTNER
STAV
RITAM
TRADICIONALNI
VIZUELNI

32 - Nutrição

```
P  K  G  F  E  R  M  E  N  T  A  C  I  J  E
N  R  H  И  И  C  J  E  S  T  I  V  O  E  D
K  U  O  B  Z  D  R  A  V  L  J  E  P  O  T
V  R  C  T  R  S  P  P  D  I  J  E  T  A  H
A  A  H  I  E  R  O  S  A  S  T  O  J  C  I
L  V  A  T  V  I  D  S  K  U  R  C  C  O  C
I  N  M  E  P  A  N  P  R  K  N  A  N  J  V
T  O  V  P  F  M  R  A  O  U  Z  D  R  A  V
E  T  L  A  G  A  A  E  G  S  Z  И  F  J  M
T  E  T  E  Ž  I  N  A  N  I  M  A  T  I  V
H  Ž  P  T  B  A  T  V  N  J  C  P  E  R  O
H  E  A  K  I  T  S  O  N  Č  E  T  Z  O  Y
И  N  J  P  K  U  G  S  N  B  S  V  E  L  A
I  B  K  E  J  J  N  P  P  T  H  A  B  A  N
F  Z  R  B  L  Z  T  O  T  R  O  V  G  K  R
```

GORKA
APETIT
KALORIJA
JESTIVO
DIJETA
VARENJE
URAVNOTEŽEN
FERMENTACIJE
SASTOJCI
TEČNOSTI

SOS
TEŽINA
DEO
PROTEINA
KVALITET
UKUS
ZDRAV
ZDRAVLJE
OTROV
VITAMIN

33 - Energia

```
H  B  H  B  K  F  P  G  I  T  F  F  D  A  B
C  Y  A  P  I  C  K  O  N  U  O  P  N  J  O
Z  N  A  T  N  R  G  R  Č  R  K  G  R  I  G
A  V  G  A  E  P  J  I  I  B  R  I  T  R  E
G  E  C  O  J  R  C  V  R  I  U  D  V  T  L
A  T  L  S  L  B  I  O  T  N  Ž  G  N  S  M
Đ  A  И  R  G  Y  E  J  K  U  E  C  N  U  S
E  R  I  S  U  S  J  E  E  B  N  A  I  D  T
N  V  O  D  O  N  I  K  L  R  J  U  Z  N  O
J  D  A  U  V  M  P  P  E  E  U  T  N  I  P
A  P  I  C  P  F  O  T  O  N  K  Z  E  Z  L
M  T  U  Z  A  J  R  O  T  O  M  T  B  N  O
G  U  P  P  E  H  T  E  S  G  V  U  R  И  T
D  I  L  T  A  L  N  T  N  K  R  H  G  O  E
E  Y  H  O  D  H  E  N  R  A  E  L  K  U  N
```

OKRUŽENJU	BENZIN
BATERIJE	VODONIK
TOPLOTE	INDUSTRIJA
UGLJENIK	MOTOR
GORIVO	NUKLEARNE
DIZEL	ZAGAĐENJA
ELEKTRIČNI	SUNCE
ELEKTRON	TURBINU
ENTROPIJE	VETAR
FOTON	

34 - Disciplinas Científicas

```
T E R M O D I N A M I K E L P
K I N E Z I O L O G I J E H B
M I N E R A L O G I J A J F I
I D P E J I M O N O R T S A O
T S G E K I N A T O B U O Z L
A H F E J I G O L O E G K A O
E E J I G O L O R O E T E M G
T G M E J I G O L O N U M I I
E K O L O G I J E O G O E Z J
A N A T O M I J E O R R V E E
P S I H O L O G I J E U P C Y
B I O H E M I J E J I M E H P
Y P F I Z I O L O G I J E N Y
S O C I O L O G I J E C L A J
R A R H E O L O G I J E F C V
```

ANATOMIJE	GEOLOGIJE
ARHEOLOGIJE	IMUNOLOGIJE
ASTRONOMIJE	METEOROLOGIJE
BIOLOGIJE	MINERALOGIJA
BIOHEMIJE	NEUROLOGIJE
BOTANIKE	PSIHOLOGIJE
KINEZIOLOGIJE	HEMIJE
EKOLOGIJE	SOCIOLOGIJE
FIZIOLOGIJE	TERMODINAMIKE

35 - Meditação

```
P P E R S P E K T I V E P G M
R S Ć I P Z P O K R E T A D I
I A O M O H A S M U Z I K A S
H O N S S V L H N U P T M J L
V S S B M U J M V F B H V N I
A E A A A H U S E A M G S Ž G
T Ć J E T A B U K N L S T A V
A A И M R T A N U P T N T P C
N N N O A G Z Y M R H A O A D
J J F C N R N A G I B N L S C
E E И I J U O J G R L I U N T
O И V J E F S N A O K Š M J E
P N S A L T T E M D B I I A Z
J K H C H R N Č P A G T U H E
Y P I P B N B U D A N K M H I
```

PRIHVATANJE   UM
BUDAN   POKRET
PAŽNJA   MUZIKA
LJUBAZNOST   PRIRODA
JASNOĆE   POSMATRANJE
SAOSEĆANJE   MIR
EMOCIJA   MISLI
UČENJA   PERSPEKTIVE
ZAHVALNOST   STAV
MENTALNE   TIŠINA

36 - Artes Visuais

```
K G A Š A B L O N O O V P V B
R S K U L P T U R E N I L G G
E S V P U C E P A K A S O V K
A L O F U R R L P A R P J M U
T I L L G M T V J L U E R F F
I K O P Y I R V U H T V D Z I
V A L P S T O B G B K I K E L
N R E U E U P H И C E T E R M
O S D M S L G G P B T K R B Y
S T K E K A L A T S I E A V M
T V E T L U S L L G H P M A N
I O M N G M И T O J R S I H M
P V E I I S И M A C A R K F O
U C R K L D И И H V C E E M N
F O T O G R A F I J A P A J O
```

GLINE

ARHITEKTURA

UMETNIK

OLOVKA

UGALJ

STALAK

VOSAK

KERAMIKE

SASTAV

KREATIVNOST

SKULPTURE

ŠABLON

FILM

FOTOGRAFIJA

KREDE

REMEK-DELO

PERSPEKTIVE

SLIKARSTVO

PORTRET

LAK

37 - Moda

```
Z  P  O  G  J  D  N  A  T  N  A  G  E  L  E
T  S  R  R  S  U  P  O  V  O  L  J  N  I  M
L  K  T  A  B  U  T  I  K  T  Z  M  L  V  B
T  U  E  S  K  J  P  C  Y  N  N  K  A  V  B
R  P  K  K  A  T  L  L  P  C  A  И  N  E  E
E  O  S  R  T  A  I  И  P  K  V  F  I  Z  A
N  И  T  O  D  S  T  Č  N  D  A  M  G  U  D
D  B  U  M  O  Z  S  D  N  O  T  M  I  Ć  Č
T  G  R  A  U  O  G  И  N  E  S  O  R  E  I
P  K  E  N  H  D  D  L  Y  R  O  D  O  D  P
Z  Y  A  S  K  E  O  Y  N  E  N  E  A  O  K
V  F  U  N  U  E  L  B  I  M  D  R  U  F  E
T  B  M  A  I  L  Y  F  A  P  E  A  U  I  A
O  F  I  V  C  N  I  N  I  N  J  N  L  G  H
M  A  T  S  I  L  A  M  I  N  I  M  P  N  M
```

POVOLJNIM	MODERAN
VEZ	SKROMAN
DUGMAD	ORIGINALNE
BUTIK	PRAKTIČNE
SKUPO	ČIPKE
UDOBAN	ODEĆU
ELEGANTAN	JEDNOSTAVAN
STIL	TKANINA
MERE	TREND
MINIMALISTA	TEKSTURE

38 - Instrumentos Musicais

```
U  N  I  L  O  I  V  B  I  Y  E  V  O  A  E
J  D  T  S  C  M  P  U  Z  K  J  B  S  P  C
V  И  A  R  Y  D  K  B  D  U  L  S  C  E  P
A  H  R  R  U  F  I  A  B  B  U  P  T  D  S
U  G  A  T  A  B  C  N  O  Ž  D  N  E  B  C
Z  R  T  Z  S  L  A  J  B  C  I  O  N  И  R
H  I  I  K  O  N  J  J  O  Z  L  F  I  T  F
E  V  G  N  O  G  I  K  U  B  И  O  R  R  A
B  A  T  A  K  И  M  Z  E  F  C  S  A  O  G
P  L  C  A  L  J  I  И  F  L  V  K  L  M  O
O  K  A  K  I  N  O  M  R  A  H  A  K  B  T
L  S  Y  V  K  A  A  S  A  U  K  S  Z  O  A
D  И  P  N  V  P  O  I  H  T  T  C  N  N  R
M  A  N  D  O  L  I  N  A  A  O  U  L  R  H
T  A  M  B  U  R  A  Š  A  B  E  P  P  Y  A
```

MANDOLINA
BENDŽO
BATAK
KLARINET
FAGOT
FLAUTA
HARMONIKA
GONG
HARFE
OBOU

TAMBURAŠA
UDARALJKE
KLAVIR
SAKSOFON
BUBANJ
TROMBON
TRUBA
GITARA
VIOLINU

39 - Adjetivos #2

```
S U V A V F S I N D A A P O V
P G V A B P D A A L F U R P R
M P T K U B V G T T K T O I U
R O N L A M R O N B R E D S Ć
O Z V T N O N O A I E N U N E
V N E R A D A N G Z A T K I B
I A J L V I D E E I T I T A Z
J T D L Y A J P L B I Č I P J
L I S L A N O A E J V A V C A
M N A R O V O G D O N N N O H
I S V V U N A I N D E K I H И
N O V A P R I R O D N O E P H
A N M H R I E T G C J R H G F
Z O D R T D Č I S T A B C S V
A P P T J M Z L S Y И B F K L
```

AUTENTIČAN
KREATIVNE
OPISNI
NADAREN
ELEGANTAN
POZNAT
JAK
ZANIMLJIVO
PRIRODNO
NORMALNO

NOVA
PONOSNI
PRODUKTIVNI
ČISTA
VRUĆE
ODGOVORAN
SLANO
ZDRAV
SUVA
DIVLJA

40 - Roupas

```
H A L J I N A R J И V J V N J
P N Z D T H A U A P P И I A G
I O Z G O Z J E K M N A P R N
O A J L U Š O K N R L F E U N
S D O A K A K F U K A B F K L
A Ž G Z S S A S U K N J A V E
N E R U P S P N E M A Ž D I P
D M L L Y G U O C D J O O C P
A P I B C Č T P И N N C M A V
L E C R H P A R P Y R I Š E Š
E R A F H I Y R K Z K P Z A T
F A R M E R K E A A A E Y C E
K E C E L J A B A P U L И P N
И S R U K A V I C E E A K И H
P A N T A L O N E C J S U P P
```

KECELJA	RUKAVICE
BLUZA	ČARAPE
PANTALONE	MODA
KOŠULJA	PIDŽAME
KAPUT	NARUKVICA
ŠEŠIR	SUKNJA
POJAS	SANDALE
OGRLICA	CIPELA
JAKNU	DŽEMPER
FARMERKE	HALJINA

42 - Arqueologia

```
H P P V J F F P Y U J O F I И
R G J H G F O R O S E F O R P
A U K O S T I S J T Y C Y H E
M S И L G K F J I Z O B M R D
Z A B O R A V I O L E M Č A B
M S U T V N G E K I T N A U G
E R E E A N A L I Z A V V K O
C I V I L I Z A C I J E I P D
T A N Z O P E N K E I T Ž R I
V I G R O B N I C A V K A O N
T U M I R T R E P S K E R C E
T U I Y M K P Z P B I J T E S
M Y V V F I T B K H L B S N G
O G I T E A S N E И E O I A V
A M I S T E R I J A R B F И U
```

ANALIZA
GODINE
ANTIKE
PROCENA
CIVILIZACIJE
POTOMAK
NEPOZNAT
TIM
ERE
EKSPERT

ZABORAVIO
FOSIL
ISTRAŽIVAČ
MISTERIJA
OBJEKTE
KOSTI
PROFESOR
RELIKVIJA
HRAM
GROBNICA

41 - Herbalismo

```
J A K J L I B J G N K K A G A
N B N O G A R T S E A O J F O
U K U S R E L E U L R R T R R
Š A U A I I R V J E O I Y A I
R J R L I F S C B Z M J C B G
E L J R I N И T O Z A A B J A
P I P R A L C T A Y T N B I N
F S B Y O I E N E N I D A T O
A O A C A J P B D D Č E Š E Y
O B S A S T O J A K N R T T И
K O M O R A Č R N K O A A I B
M A J O R A N A R F A Š V L I
N Y N A T U T R I D M A И A F
L H R U Z M A R I N P D P V L
P R J И И B Y R T G L B A K M
```

ŠAFRAN
RUZMARIN
BELI LUK
AROMATIČNO
KORISTAN
KORIJANDER
ESTRAGON
CVET
KOMORAČ
SASTOJAK

BAŠTA
LAVANDE
BOSILJAK
MAJORAN
ORIGANO
BILJKA
KVALITET
UKUS
PERŠUN
ZELEN

43 - Agronomia

```
A Z O K R U Ž E N J U F Đ A H
M A J N D O V Z I O R P U S D
R G J H M T L U M A T J B H E
M A R I K S N A G R O A R P U
U Đ H N G A C D G E I S I B E
G E F L L R V O K R M L V O K
P N S A Z V E V V O E E A L O
И J M R K S K N A Z T T S E L
I A F U P H U I E I S H U S O
A T A R C D A O A J I V A T G
U J A K F F N P G E S C A I I
P O L J O P R I V R E D E H J
И G O M E I Y B I L J K E D E
U G U K E Ć R V O P O E Z P И
T A F S K Z R O D R Ž I V A V
```

POLJOPRIVREDE
OKRUŽENJU
VODA
NAUKE
RAST
BOLESTI
EKOLOGIJE
ENERGIJA
EROZIJE
ĐUBRIVA

POVRĆE
ORGANSKI
BILJKE
ZAGAĐENJA
PROIZVODNJA
RURALNIH
SEME
SISTEMI
ZEMLJA
ODRŽIV

44 - Frutas

```
R  G  O  O  E  U  P  D  O  F  F  U  N  C  O
A  F  I  F  H  D  E  E  И  I  R  R  E  B  J
И  U  E  E  V  K  S  E  R  B  K  P  K  T  M
L  I  O  D  I  J  A  B  U  K  A  A  T  P  N
H  A  D  S  Š  Z  K  O  K  O  S  N  A  C  Y
R  Ž  A  A  N  I  P  U  K  G  G  A  R  P  P
R  D  P  E  J  M  C  S  D  N  R  N  I  D  B
K  N  C  H  E  A  A  J  F  A  O  A  N  K  O
Y  A  M  I  K  J  P  L  V  M  Ž  S  A  A  B
L  R  B  K  Š  Z  M  A  I  E  Đ  T  L  J  I
G  O  Z  N  U  M  I  L  P  N  A  P  P  S  R
F  M  A  U  R  F  I  G  Y  A  E  S  A  I  Y
E  O  D  A  K  O  V  A  G  N  B  V  P  J  J
Y  P  A  G  R  C  I  K  И  A  C  P  Y  E  S
Y  E  V  I  L  A  K  L  J  B  R  P  A  S  V
```

AVOKADO	KIVI
ANANAS	POMORANDŽA
KUPINA	LIMUN
BERRI	JABUKA
BANANE	PAPAJA
VIŠNJE	MANGO
KOKOS	NEKTARINA
KAJSIJE	KRUŠKE
FIG	BRESKVE
MALINE	GROŽĐA

45 - Corpo Humano

```
P P O A K R V I И J M C P V M
O R Z U A T S U И T S A E A A
V S F O Z D L M Z Z A Y A Z Z
J T Z N O O A D И I J H P H N
P A B Y M E A R S M K K D O T
C R O Z U B Z Y B H O K O H K
V V L H U O I N D И Ž V G I M
B V G C P L A K A T A A U V E
K R Z U B E G L A V A A G H O
S F I V U Č O Z K T P N O B A
M D N I J D N C U N P E N U P
M G Č L P A E C R S B U J T H
M T O I R N L M A R H R A M Z
C T K C A V O R A O G Z G H T
N O S E S И K K Z R B P F I H
```

USTA	OKO
GLAVA	RAME
MOZAK	UVO
SRCE	KOŽA
LAKAT	NOGU
PRST	VRAT
KOLENO	BRADA
VILICE	KRV
RUKA	ČELO
NOS	SKOČNI ZGLOB

46 - Caminhada

```
A K H J L P C G N F P K F V A
K O И O E A O Y P O A Y O T
V A K L I M A P O R L M N D P
O O M S T E Š K A I O E Ž I L
D O P P N R D F P P Ž N I Č A
A A A A O V U T И R A J V I N
R J И V S V U C A E J E O O I
D P A O V N A A Y M E C T P N
C R A K Z A O N K A M N I Z E
P K H R G R I S J L Z U N S F
T И O A F O F M T E I S J V И
P И A P A M I Z T I Č F E Y И
O И O T O U P R I R O D A S M
A D I V L J A E K R N U H D C
F J K Y P J G N И H A A P P E
```

KAMPOVANJE

ŽIVOTINJE

VODA

ČIZME

UMORAN

KLIMA

VODIČI

MAPA

PLANINE

PRIRODA

POLOŽAJ

PARKOVA

KAMENJE

KLIF

OPASNOSTI

TEŠKA

PRIPREMA

DIVLJA

SUNCE

VREME

47 - Biologia

```
S  B  S  R  A  N  A  T  O  M  I  J  E  N  O
I  A  N  I  E  T  O  R  P  I  E  Y  I  E  S
N  K  M  G  M  P  H  P  L  Z  J  G  F  U  M
A  T  U  I  M  B  T  C  O  N  I  L  P  R  O
P  E  T  Z  F  F  I  I  P  E  C  L  J  O  Z
S  R  A  J  H  O  И  O  L  A  U  N  R  N  E
E  I  C  И  H  T  R  O  Z  A  L  N  A  L  O
Ć  J  I  H  B  O  E  A  D  E  O  P  N  B  H
E  A  J  R  N  S  A  C  F  A  V  R  E  N  O
L  P  E  O  P  I  C  И  J  T  E  I  G  O  R
I  A  F  M  I  N  J  U  E  P  K  R  A  I  M
J  I  J  O  P  T  K  U  V  Z  I  O  L  R  O
U  T  O  Z  A  E  A  Y  L  T  C  D  O  B  N
M  J  B  O  K  Z  Y  D  E  B  E  N  K  M  F
R  R  И  M  R  A  S  I  S  C  H  O  H  E  G
```

ANATOMIJE	SISAR
BAKTERIJA	MUTACIJE
ĆELIJU	PRIRODNO
KOLAGENA	NERVA
HROMOZOM	NEURON
EMBRION	OSMOZE
ENZIM	PROTEINA
EVOLUCIJE	REPTIL
FOTOSINTEZA	SIMBIOZE
HORMON	SINAPSE

48 - Beleza

```
Z A K N I M Š M Z D J M K E E
S T B F J J M Z U A I O A L L
U S L U G E O I R U Ž O G E E
A I A U Y Z U E R P J F V G G
R L S И V A Ž O K I D C M A A
R I M И A K I A И S S R R N N
D T B A R A K S A M G V T T C
C S D A Z M M Š A R M R C A I
L O K N E F U Y U И И L E N J
Y T F O T O G E N I И A N J U
O G L E D A L O G Z M J P Y S
R P P В И A J И G N A L D H B
K P R O I Z V O D I U U B Y D
P A B C E V V O B R P V H P P
K O Z M E T I K A Š A M P O N
```

RUŽ
LOKNE
ŠARM
BOJA
KOZMETIKA
ELEGANTAN
ELEGANCIJU
OGLEDALO
STILISTA
FOTOGENIИAN

MIRIS
GREJS
ŠMINKA
ULJA
KOŽA
PROIZVODI
MASKARA
USLUGE
MAKAZE
ŠAMPON

49 - Filantropia

```
P E M C H C I D U J L Z I V V
T R E B A I S O P J D C D D P
R P J B J L K I Z A Z O V A R
I O A R I J R R Z J И V F P O
U J V Y R E E A A I Y T P B G
B P N V O V N И J S A S H M R
M D I U T E O E N Z N P L A
B R S O S R V D A A A B A M
S B И A I E T A N N C Č E D I
S R E D S T V A I I C E F O M
G L O B A L N O C F S V D S I
G R U P E I T K A T N O K T S
M I L O S T I N J U V Č M A I
V E L I K O D U Š N O S T H J
K H R H Z Z O R Z K P P V Y A
```

MILOSTINJU
ZAJEDNICA
KONTAKTI
DECA
IZAZOVA
FINANSIJA
SREDSTVA
VELIKODUŠNOST
GLOBALNO
GRUPE

ISTORIJA
ISKRENOST
ČOVEČANSTVO
MLADOST
MISIJA
TREBA
CILJEVE
LJUDI
PROGRAMI
JAVNI

50 - Ecologia

```
И B J A M И F G И J L И Z R I
G S L S K T F A R A V Č O M I
C L T S O R H M U L U E G L Y
P Z O K L I M A E N I N A L P
И I E B E J I C A T E G E V D
E J R K A N A T S P O A B И R
G P R E Z L R A Z L I Č I T E
S T R И L D N S T A N I Š T E
U K H I K S R O M Z V T C H K
Š S E S R U S E R B I L J K E
E S R D T O O P L N Ž C U V G
J M O F M A D O R I R P T U P
A V L И I N P N F A D O И A F
M B F G I T C Y O P O Y Y E U
R A Z N O L I K O S T F P E R
```

KLIMA
RAZNOLIKOST
FAUNE
FLORE
GLOBALNO
STANIŠTE
MORSKIH
PLANINE
PRIRODNO

PRIRODA
MOČVARA
BILJKE
RESURSE
SUŠE
OPSTANAK
ODRŽIV
RAZLIČITE
VEGETACIJE

51 - Família

```
N  M  C  F  P  U  C  N  U  G  K  C  M  Z  E
C  E  A  P  V  L  P  M  P  P  K  I  A  N  И
P  T  Ć  A  A  A  P  U  C  A  P  U  J  T  J
B  E  B  A  K  A  B  Ž  B  D  R  E  Č  B  O
L  D  R  G  K  O  D  E  C  A  P  P  I  N  E
B  O  A  U  A  I  I  R  K  I  J  Y  N  D  N
L  И  T  R  Đ  A  N  T  E  T  K  A  S  U  F
N  F  H  P  O  K  B  J  U  J  P  C  K  Z  K
M  Z  C  U  R  J  C  V  A  R  T  S  E  S  И
P  A  D  S  P  J  F  H  R  F  Ć  И  L  H  U
R  P  J  O  Č  I  N  S  K  E  E  A  C  R  U
E  H  M  K  U  N  U  Z  T  S  R  G  U  V  И
D  P  A  A  A  B  B  R  Y  A  K  A  Ć  E  N
A  V  T  S  J  N  I  T  E  D  A  U  N  T  S
K  A  J  U  A  J  O  T  V  A  Y  D  A  F  U
```

PREDAK	MAJČINSKE
BAKA	MAJKA
DETE	UNUK
DECA	OTAC
SUPRUGA	OČINSKE
ĆERKA	ROĐAK
DETINJSTVA	NEĆAKINJA
SESTRA	NEĆAK
BRAT	TETKA
MUŽ	UJAK

52 - Férias #2

```
R E S T O R A N N P H M Z O H
V U M Z O H I P S U P R И R A
Š J G P V A F R T T A T P E P
H O T E L O E E R O P T P K И
E K S B R A H V A V L K L V G
J V U A U O P O N A A Ž A L P
I N U O P R S Z A N N N P K O
F A K C L Z I T C J I E A U D
A E R O D R O M R E N M M T R
R K O V E K T E T V E R O M E
G O M V I Z A A A Š O A B B D
O N D O B O L S K H A A J L I
T O O J E O D A S A Y T M K Š
O C O A P И P M I N K L O A T
F O D E J I C A V R E Z E R E
```

AERODROM

ODREDIŠTE

STRANAC

ODMOR

FOTOGRAFIJE

HOTEL

OSTRVO

SLOBODNO

MAPA

MORE

PLANINE

PASOŠ

PLAŽA

REZERVACIJE

RESTORAN

TAKSI

ŠATOR

PREVOZ

PUTOVANJE

VIZA

53 - Edifícios

```
K Z A H И Z T B G S Z P B H O
G B R И O A P O K S O I B G P
M U Z E J M H L И A T V U V S
A R J D K A J N O I D A T S E
И C O A P K C I S C Z D T A R
P P G S B O E C P M R B E B V
F S И A I A Z A Ž A R A G P A
O G H B B N N O F A R M I T T
R K H M L H S D R A B M A M O
B Z U A И Y G R B I S N D A R
Š H B L S T A N H I Š Z P G I
M A E E A S A O P U I T Z T J
B J T T F A B R I K E R E V E
Y I A O U N I V E R Z I T E T
N J A H R Z R F Š K O L A P E
```

STAN

ZAMAK

AMBAR

BIOSKOP

AMBASADE

ŠKOLA

STADION

FARMI

FABRIKE

GARAŽA

BOLNICA

HOTEL

MUZEJ

OPSERVATORIJE

POZORIŠTE

ŠATOR

KULA

UNIVERZITET

54 - Aventura

```
P  M  A  Z  A  J  I  Z  U  T  N  E  N  L  A
R  F  O  D  T  S  O  D  A  R  J  J  O  P  Z
O  H  R  A  B  R  O  S  T  D  I  I  V  O  A
G  S  I  G  U  R  N  O  S  T  O  Z  A  F  N
R  V  V  F  I  A  H  P  R  I  P  R  E  M  A
A  S  N  A  Š  H  F  U  M  J  И  U  I  V  S
M  N  A  V  I  G  A  C  I  J  U  K  E  R  A
N  E  O  B  I  Č  N  O  И  E  P  S  O  G  P
L  E  P  O  T  A  N  C  V  I  R  K  P  P  O
P  R  I  J  A  T  E  L  J  I  F  E  R  M  D
I  Z  A  Z  O  V  A  T  P  A  Z  R  H  C  K
A  K  T  I  V  N  O  S  T  U  S  E  A  O  O
O  D  R  E  D  I  Š  T  E  Ć  O  K  Š  E  T
G  Y  K  I  Z  N  E  N  A  Đ  U  J  U  Ć  E
N  Z  Z  V  И  G  H  A  A  K  S  C  G  T  M
```

RADOST	EKSKURZIJE
PRIJATELJI	NEOBIČNO
AKTIVNOST	PROGRAM
LEPOTA	PRIRODA
HRABROST	NAVIGACIJU
ŠANSA	NOVA
IZAZOVA	OPASAN
ODREDIŠTE	PRIPREMA
TEŠKOĆE	SIGURNOST
ENTUZIJAZAM	IZNENAĐUJUĆE

55 - Floresta Tropical

```
B  I  D  A  T  M  F  H  L  B  H  Y  S  I  Z
K  L  I  M  A  D  O  R  I  R  P  C  M  M  A
A  G  R  K  A  U  T  O  H  T  O  N  I  H  J
N  N  P  A  Č  P  I  N  S  E  K  T  I  D  E
A  U  T  N  Z  I  O  V  J  J  H  F  E  B  D
T  Ž  I  I  E  N  N  Š  I  V  R  S  T  E  N
S  D  C  V  D  T  O  A  T  C  M  O  Š  J  I
P  H  E  O  J  M  O  L  T  O  G  U  I  O  C
O  P  O  H  Z  H  F  P  I  O  V  P  Č  A  A
E  J  N  A  V  U  Č  O  T  K  B  A  O  I  R
F  S  K  M  K  I  C  A  L  B  O  N  T  L  A
V  O  D  O  Z  E  M  C  I  F  И  S  U  I  S
R  E  S  T  A  U  R  A  C  I  J  A  T  T  I
Z  A  D  D  A  N  P  E  K  И  H  Z  D  G  S
E  N  И  A  A  D  Z  T  V  R  E  D  N  E
```

VODOZEMCI	PRIRODA
BOTANIČKI	OBLACI
KLIMA	PTICE
ZAJEDNICA	OČUVANJE
RAZNOLIKOST	UTOČIŠTE
VRSTE	POŠTOVATI
AUTOHTONIH	RESTAURACIJA
INSEKTI	DŽUNGLI
SISARA	OPSTANAK
MAHOVINA	VREDNE

56 - Cidade

```
E  S  P  P  M  A  R  A  Ž  I  J  N  K  S  S
И  T  A  E  И  U  P  L  K  J  K  O  R  T  U
I  И  H  C  K  L  Z  O  A  F  H  J  E  A  P
G  L  N  O  L  A  S  E  T  A  U  Z  S  D  E
C  V  E  Ć  A  R  R  И  J  E  U  A  T  I  R
Z  O  O  V  R  T  E  A  L  O  K  Š  O  O  M
P  O  Z  O  R  I  Š  T  E  B  H  E  R  N  A
И  Y  M  O  R  D  O  R  E  A  O  И  A  Z  R
B  I  O  S  K  O  P  B  C  N  T  A  N  O  K
A  K  O  И  Y  D  B  S  P  K  E  E  Y  Y  E
T  R  Ž  I  Š  T  E  S  И  E  L  И  E  N  T
H  U  P  I  L  V  G  A  L  E  R  I  J  A  A
B  I  B  L  I  O  T  E  K  E  V  L  G  Z  V
U  N  I  V  E  R  Z  I  T  E  T  P  B  S  A
C  S  K  D  L  L  U  Y  E  E  I  E  H  T  V
```

AERODROM
BANKE
BIBLIOTEKE
BIOSKOP
ŠKOLA
STADION
APOTEKE
CVEĆAR
GALERIJA
HOTEL

ZOO VRT
KNJIŽARA
TRŽIŠTE
MUZEJ
PEKARA
RESTORAN
SALON
SUPERMARKETA
POZORIŠTE
UNIVERZITET

57 - Música

```
F C F T U G A P F T E S G B S
T O N A R U V M P F J E N A N
L B E N Č I S A L K I K A L I
T M I K R O F O N R N V P A M
H A V I Č I F H R I O K R D A
O O C A A I T N O T M P O A N
V I R A Č I Z U M A R Y P O J
M E E E A P L U Z M A V E P E
P E S N I Č K E M U H I R M B
P E V A Č I C A A B N L E E U
O R A T T N K A D L D K B T U
J T P M D H P S O A K L U U I
M E J U Z I V O R P M I J S P
P Y S P E M N F O I D O L E M
I N S T R U M E N T L A K O V
```

ALBUM	LIRSKI
BALADA	MELODI
PEVAM	MIKROFON
PEVAČICA	MUZIČKE
KLASIČNE	MUZIČAR
HOR	OPERE
SNIMANJE	PESNIČKE
HARMONIJE	RITAM
IMPROVIZUJEM	TEMPO
INSTRUMENT	VOKAL

58 - Matemática

```
V O L U M E N P U J G G P D P
U F И M Z A Y T R E C K A D R
E G U I E J I R T E M O E G A
K F L B A I V M J S Č A A K V
S R F O N V A R P U A N J V O
P A T A V L И G P J R O I J U
O K J G Z A B O G I I G R K G
N C O U O Y I E S D T I T B A
E I L O K R B F И A M L E T O
N J C R K F Y J A R E O M L N
T A И T A R D A V K T P I C I
D E C I M A L N E B I V S A K
P A R A L E L N I И K G Z D P
V P E R I M E T A R A H M J E
J E D N A Č I N A K A F A H Z
```

ARITMETIKA   PERIMETAR
UGLOVA   UPRAVNO
OBIM   POLIGONA
DECIMALNE   KVADRAT
PREČNIK   RADIJUS
JEDNAČINA   PRAVOUGAONIK
EKSPONENT   SIMETRIJA
FRAKCIJA   TROUGAO
GEOMETRIJE   VOLUMEN
PARALELNI

59 - Saúde e Bem Estar #1

```
M  P  I  M  T  R  E  F  L  E  K  S  B  K  M
И  H  L  J  E  N  O  B  E  N  A  A  V  O  L
E  C  R  T  R  G  L  A  D  F  A  L  T  S  E
H  E  F  G  A  R  V  C  A  R  F  V  V  T  K
J  K  R  E  P  И  A  I  G  P  T  K  I  I  A
P  A  O  U  I  D  T  T  S  L  E  K  O  K  R
P  J  C  B  J  A  S  R  S  I  D  I  A  Ž  A
B  I  P  A  A  C  A  V  I  Ž  N  R  K  I  A
T  R  E  T  M  A  N  L  C  O  M  A  T  C  J
U  E  R  E  O  K  P  Z  I  F  B  I  I  L  A
C  T  S  P  L  V  P  J  N  И  Y  C  V  L  V
V  K  T  K  E  C  D  E  I  P  U  K  A  D  I
C  A  И  R  A  V  D  L  M  H  T  N  O  R
И  B  I  T  P  I  C  T  K  G  M  C  V  P  U
H  O  R  M  O  N  A  A  P  O  T  E  K  E  S
```

VISINA	LEK
AKTIVAN	ŽIVACA
BAKTERIJA	KOSTI
KLINICI	KOŽA
LEKAR	STAV
APOTEKE	REFLEKS
GLAD	TERAPIJA
PRELOM	TRETMAN
NAVIKA	VIRUS
HORMONA	

60 - Imigração

```
K  D  I  P  N  J  Z  P  R  S  P  И  H  S  C
Z  H  E  J  O  M  S  A  R  F  K  M  L  I  M
E  P  C  C  K  M  Y  T  A  O  I  I  G  T  G
J  O  I  L  A  R  O  H  D  K  C  J  U  U  A
N  E  V  P  Z  O  H  Ć  J  R  M  E  S  A  A
A  J  I  C  A  K  I  N  U  M  O  K  S  C  O
R  D  O  K  U  M  E  N  T  I  R  I  C  I  D
I  L  S  T  R  E  S  J  Y  N  E  Z  L  J  O
S  C  O  D  R  A  S  L  I  E  Š  E  G  A  B
N  A  U  O  F  I  C  I  R  B  E  J  U  T  R
A  U  N  M  Z  M  V  S  N  M  N  L  O  I  E
N  U  I  P  P  L  K  M  U  A  J  Z  V  T  N
I  И  A  G  T  V  B  U  U  T  E  T  R  Š  J
F  P  H  P  P  D  R  G  Y  S  A  G  T  A  E
P  R  E  G  O  V  A  R  A  N  J  A  O  Z  C
```

ODRASLI
POMOĆ
ODOBRENJE
KOMUNIKACIJA
DECA
DOKUMENTI
STRES
FINANSIRANJE
IVICE
STAMBENI

ZAKON
JEZIK
PREGOVARANJA
OFICIR
ROK
PROCES
ZAŠTITA
SITUACIJA
REŠENJE

61 - Natureza

```
T M V O L Z G O O P R E H D S
G R A M U Š L И S H E R D G V
P G O G V V E N И I K O F G E
A O G P L A Č V G N E Z Z D T
J U V S S A E L G L N I И I I
L P K I T K R A O A И J I N L
V I B C R N E A C T H E S A I
I C Š S E P U S T I N J I M Š
D A B Ć L M N U G V C E G I T
S L И O E T Š I N O L K S Č E
K B U M Č S P O K O J A N A A
R O L E P O T A L N F V R N C
L J S K G K O J N R H V Y M P
Ž I V O T I N J E I P P B Y И
C N K P G K И E R M F E A G H
```

PČELE	GLEČER
SKLONIŠTE	MAGLA
ŽIVOTINJE	OBLACI
ARKTIK	MIRNO
LEPOTA	REKE
PUSTINJI	SVETILIŠTE
DINAMIČAN	DIVLJA
EROZIJE	SPOKOJAN
ŠUMA	TROPSKE
LIŠĆE	VITALNI

62 - A Empresa

```
I  N  K  B  E  F  U  O  O  J  K  A  R  J  M
J  N  A  A  C  F  G  C  A  J  M  M  N  G  O
E  E  D  P  J  И  L  E  S  R  U  S  E  R  G
D  Z  O  U  R  T  E  V  O  D  N  E  R  T  U
I  M  V  I  S  E  D  G  P  T  D  N  V  P  Ć
N  E  Z  R  J  T  D  P  L  Y  Z  V  S  V  N
I  J  I  P  U  I  R  A  T  O  R  I  P  S  O
C  N  O  A  P  L  D  I  K  G  B  T  C  H  S
E  E  R  И  U  A  T  J  J  D  A  A  И  N  T
O  L  P  T  I  V  B  I  F  A  Y  V  L  K  A
D  S  A  В  И  K  O  Z  O  P  G  O  I  N  V
L  O  K  R  E  A  T  I  V  N  E  N  K  I  O
U  P  R  I  H  O  D  Y  L  G  R  I  S  И  S
K  A  J  I  C  A  T  N  E  Z  E  R  P  N  P
A  Z  A  U  R  I  Z  I  C  I  P  G  K  K  H
```

PREZENTACIJA	PROIZVOD
KREATIVNE	NAPREDAK
ODLUKA	KVALITET
ZAPOSLENJE	PRIHOD
GLOBALNO	RESURSE
INDUSTRIJA	UGLED
INOVATIVNE	RIZICI
POSAO	TRENDOVE
MOGUĆNOST	JEDINICE

63 - Doença

```
Z A R A Z N E P O И S G R P Z
I M U N I T E T M P L И И N K
И D P S H U N F B И A K C R O
N H P Z R A P B Z A B C F P P
E G D P C C Y A Y Z O B V B A
U Z E E L A E N L A B M U L T
R H B N U H C E M U E J E J O
O L E T E G J A P L U Ć N E G
P P P И T E S Y A B Č N E E
A M H K G R S G И U J J I D N
T Z V A H V A K M G O P N E A
I T S O K J O Z E R Y O O L H
J T R B U Š N J A C I U R S T
A N R O T A R I P S E R H A I
Z D R A V L J E G A O L J N A
```

TRBUŠNJACI
ZARAZNE
SRCE
TELO
HRONIČNE
SLAB
GENETSKE
NASLEDNE
IMUNITET

UPALU
LUMBALNE
NEUROPATIJA
KOSTI
PATOGENA
PLUĆNE
RESPIRATORNA
ZDRAVLJE

64 - Aquecimento Global

```
T E A M I L K K D L B Y E И Z
G B E O E N T Z E M H J K U A
V K S E Đ D V Z U E K O L K
A R K T I K U U Z K K U L K O
K A I S G P E N S C A D O Z N
A P N O E G C F A T J J Š И A
T A Č N N H I C B R R A K B J
A Ž U Ć E A D I S Z O I A H I
D N A U R R E Z I R K D J A G
O J N D A A L V A R K И N A R
P A E U C Z S L C K K P V I E
J R E B I V O A P A P K G J N
Z A U S J O P D G D P И A P E
L Y C N E J O A S A D A A J S
P O P U L A C I J E A C T H U
```

SADA
EKOLOŠKA
PAŽNJA
ARKTIK
NAUČNIK
KLIMA
POSLEDICE
KRIZE
PODATAKA
RAZVOJ

ENERGIJA
BUDUĆNOST
GAS
GENERACIJE
VLADA
INDUSTRIJA
MEĐUNARODNI
ZAKONA
POPULACIJE

65 - Aviões

```
I  S  T  O  R  I  J  A  Y  Z  E  K  R  B  S
G  H  C  B  P  F  C  B  G  O  R  I  V  O  I
K  N  U  J  A  V  A  V  U  D  A  N  M  D  L
O  P  N  S  Z  L  G  N  I  P  J  T  S  T  A
N  L  A  D  T  Y  O  E  L  S  G  U  A  D  Z
S  I  N  Z  T  E  D  N  S  B  I  P  B  N  A
T  N  I  H  V  F  O  M  B  A  D  N  G  S  K
R  A  S  I  Z  T  V  J  A  A  F  N  U  R  N
U  J  I  T  U  R  B  U  L  E  N  C  I  J  E
K  N  V  I  A  T  M  O  S  F  E  R  A  B  N
C  A  A  R  U  T  N  A  V  A  M  O  T  O  R
I  T  Z  N  I  O  O  V  O  D  O  N  I  K  E
J  E  D  A  S  O  P  L  N  E  B  O  B  O  K
A  L  U  C  V  A  R  P  I  G  V  L  E  Y  C
J  S  H  F  M  E  N  A  U  P  Z  B  E  P  A
```

VISINU	SILAZAK
VISINA	PRAVCU
VAZDUH	VODONIK
SLETANJA	ISTORIJA
ATMOSFERA	NADUVAVAJU
AVANTURA	MOTOR
BALON	PUTNIK
NEBO	PILOT
GORIVO	POSADE
KONSTRUKCIJA	TURBULENCIJE

66 - Tipos de Cabelo

```
H  T  S  Z  C  B  E  S  B  B  S  T  N  G  B
I  A  P  R  D  E  O  V  R  N  J  H  D  O  F
E  N  I  S  E  R  A  G  A  B  A  V  I  S  B
И  A  J  T  N  B  A  V  O  C  J  G  P  A  J
V  K  K  N  K  L  R  V  N  G  N  V  S  O  Ć
I  T  T  P  O  E  B  O  G  M  A  L  U  C  E
N  Y  S  R  L  Y  R  D  R  B  H  D  V  A  L
E  N  H  L  E  P  S  P  L  A  V  A  A  R  A
T  A  L  A  S  A  S  T  A  O  C  A  C  E  V
E  U  I  O  И  N  D  E  B  E  O  G  U  D  Y
L  C  R  N  A  V  A  Ž  D  R  V  O  K  O  A
P  O  M  B  V  Y  S  F  R  M  M  P  B  O  Z
P  L  E  T  E  N  I  C  E  L  E  J  P  U  G
F  T  I  T  F  C  I  H  C  C  N  K  C  O  D
O  B  O  J  E  N  E  L  U  F  Y  N  A  P  L
```

BEO	DUGO
SJAJNA	BRAON
LOKNE	TALASASTA
ĆELAV	SREBRO
SIVA	CRNA
OBOJENE	ZDRAV
KOVRDŽAVA	SUVA
TANAK	MEKA
DEBEO	PLETENI
PLAVA	PLETENICE

67 - Criatividade

```
A U T E N T I Č N O S T A I U
S I N T U I C I J U U L Z N T
H E I N S P I R A C I J A T I
G H N A O O V U K S R V R E S
R I Z Z M U M E S G N A Z N A
U N O B A O N A Š Y A U I Z K
M A Š T E C N Y Y T Č A C I J
V T H S I Y I Y A E I J U T A
H N K M B H B J H M T N C E S
E O E Z V U P A A O A A A T N
A P S N S I P B P C M Ć P L O
R S V P L D Z A D I A E N N Ć
H E O Y I V G I P J R S A E E
B N I O K C J N J A D O E V H
A Y Z S A K P S L E V O I B I
```

AUTENTIČNOST	MAŠTE
JASNOĆE	UTISAK
DRAMATIČAN	INSPIRACIJA
EMOCIJA	INTENZITET
SPONTANI	INTUICIJU
IZRAZ	SENZACIJA
VEŠTINA	OSEĆANJA
SLIKA	VIZIJE

68 - Dias e Meses

```
P  B  P  K  O  K  A  T  R  V  T  E  Č  A  N
A  R  O  S  T  A  T  S  U  G  V  A  C  A  E
B  F  N  U  B  L  O  S  J  M  V  O  L  P  D
G  F  E  A  J  E  B  J  A  N  U  A  R  R  E
Z  И  D  S  E  N  U  D  C  H  F  H  A  I  L
J  N  E  E  H  D  S  N  E  K  H  Z  U  L  J
И  R  L  P  C  A  O  S  S  M  K  A  R  D  A
G  C  J  T  C  R  M  H  E  P  U  N  B  E  J
U  B  A  E  N  O  V  E  M  B  A  R  E  C  U
B  J  K  M  S  G  P  E  T  A  K  A  F  E  N
G  U  A  B  U  R  O  I  L  C  R  B  M  M  A
V  L  R  A  L  Y  E  D  P  N  B  O  C  B  M
F  F  O  R  P  E  D  D  I  M  R  T  N  A  G
Y  R  T  P  И  U  A  I  A  N  B  K  E  R  V
H  U  U  P  A  C  P  P  Y  R  A  O  U  J  L
```

APRIL	MESECA
AVGUST	NOVEMBAR
GODINA	OKTOBAR
KALENDAR	SREDA
DECEMBAR	ČETVRTAK
SUBOTA	PONEDELJAK
FEBRUAR	NEDELJA
JANUAR	SEPTEMBAR
JUL	PETAK
JUN	UTORAK

69 - Saúde e Bem Estar #2

```
V I T A M I N A L G G N J P O
A N A T O M I J E N A M C H L
R M H K V P E U L K G R K O A
E H M F E Z Y V G B I L E И J
F C T I T E P A K R V N R B I
O G A E J N E Ž O L O P S A R
H E B J L E T J O A L B A F O
M K P N U J E K I T E N E G L
H A T E J I D Z J C T D L T A
P V S R M G D D S D K N Y E K
G A E A J I G R E N E E Ž L
A R L V Ž H F A H I И H F I B
E O O A И A V V Y J G V K N B
J P B B O L N I C A V U K A I
P O A L E R G I J E T G T S B
```

ALERGIJE
ANATOMIJE
APETIT
KALORIJA
TELO
DIJETA
VARENJE
BOLEST
ENERGIJA
GENETIKE

HIGIJENE
BOLNICA
RASPOLOŽENJE
INFEKCIJE
MASAŽA
TEŽINA
OPORAVAK
KRV
ZDRAV
VITAMIN

70 - Geografia

```
Z  S  T  F  И  H  N  V  J  J  H  F  H  A  K
N  A  E  K  O  V  R  T  S  O  O  M  И  P  O
Z  L  P  M  A  P  A  O  L  C  E  G  S  L  N
O  T  U  A  P  H  C  V  T  E  P  T  E  A  T
N  A  J  I  D  I  R  E  M  A  I  И  U  N  I
J  N  L  U  B  E  E  R  T  V  V  N  И  I  N
U  M  M  D  P  L  V  E  S  H  N  K  H  N  E
N  O  E  N  F  C  E  F  T  H  R  C  E  E  N
K  R  Z  K  K  U  S  S  K  M  E  J  B  A  T
O  E  H  T  V  P  I  I  D  S  K  E  E  L  S
И  N  И  G  I  O  N  M  Y  J  E  T  P  S  P
Y  L  S  V  E  T  J  E  K  U  R  I  L  G  S
V  I  S  I  N  U  K  H  A  G  M  E  U  R  K
Y  T  T  E  R  I  T  O  R  I  J  E  L  A  R
P  D  S  Z  V  H  R  E  G  I  O  N  A  D  V
```

VISINU	PLANINE
ATLAS	SVET
GRAD	SEVER
KONTINENT	OKEAN
EKVATOR	ZAPAD
HEMISFERE	ZEMLJU
OSTRVO	REGIONA
MAPA	REKE
MORE	JUG
MERIDIJAN	TERITORIJE

71 - Antártica

```
K  M  B  T  P  M  O  G  O  R  O  K  I  G  E
O  I  G  E  O  G  I  И  S  K  P  B  V  L  K
N  N  J  M  L  A  N  G  J  O  O  U  E  E  S
T  E  A  P  U  U  I  Z  R  Z  H  V  Y  Č  P
I  R  O  E  O  J  V  P  I  A  D  E  L  E  E
N  A  S  R  S  N  G  N  S  D  C  J  O  R  D
E  L  T  A  T  E  N  A  T  J  H  I  И  A  I
N  A  R  T  R  Ž  I  L  R  G  B  F  J  N  C
T  И  V  U  V  U  P  S  A  M  P  A  И  E  I
L  L  A  R  O  R  J  P  Ž  R  P  R  P  P  J
K  S  A  A  C  K  I  F  I  A  A  G  U  И  E
B  E  L  P  V  O  D  A  V  G  R  O  R  T  K
L  E  N  Č  U  A  N  H  A  C  Z  E  P  J  K
I  P  J  P  E  A  Y  S  Č  U  M  G  P  I  H
T  E  И  B  N  O  Č  U  V  A  N  J  E  V  E
```

OKRUŽENJU
VODA
BEJ
NAUČNE
OČUVANJE
KONTINENT
KOV
EKSPEDICIJE
GLEČERA
LED

GEOGRAFIJE
OSTRVA
ISTRAŽIVAČ
MIGRACIJE
MINERALA
POLUOSTRVO
PINGVINI
ROKI
TEMPERATURA

72 - Flores

```
G Y N L F P O N A V O G R O J
M A S M A P K I J S R K E M B
V N E I Z A J M I H H F C K E
B O Ž U R N C S N F I C K U B
L M T T H I P A E A D Z E A D
P A Ž U R L P J D T E D J T L
J L V O Z E O V R E J J I E Y
T A U A N T C D A K A M L R D
I L Y M N E N R G U C S O K L
R L O И E D M D F B I M N O N
C N N E E R E L U O T M G C Z
Z V G I P И I A Z H A G A N A
N G R L U E N J P E L U M U T
H I B I S K U S A B C P A S G
M A S L A Č A K U И F M T J G
```

BUKET
MASLAČAK
GARDENIJA
SUNCOKRET
HIBISKUS
JASMIN
LAVANDE
JORGOVAN
LILI
MAGNOLIJE

DEJZI
ORHIDEJA
MAKA
BOŽUR
LATICA
PLUMERIJA
RUŽA
DETELINA
LALA

73 - Fazenda #1

```
P  I  L  E  K  L  S  U  P  A  M  T  D  R  R
Z  O  K  D  O  R  V  A  D  O  V  U  S  V  C
K  A  S  U  Z  P  I  U  P  B  H  Z  I  U  J
B  Y  D  A  A  O  N  E  S  P  O  L  J  E  A
G  O  A  V  B  Č  J  N  O  K  G  F  J  I  T
Y  Y  G  U  P  K  A  V  I  R  B  U  Đ  Z  O
G  U  H  M  B  V  V  N  S  H  F  O  P  Z  L
L  F  Y  B  A  B  A  T  I  A  N  U  T  L  I
T  E  L  E  M  Č  R  B  I  R  H  A  T  Y  И
O  G  R  A  D  E  K  R  B  T  I  И  T  M  T
H  M  E  O  P  N  I  A  L  E  Č  P  V  E  И
P  O  L  J  O  P  R  I  V  R  E  D  E  D  P
A  M  K  G  Y  H  C  Z  I  D  S  L  I  A  F
M  A  G  A  R  A  C  V  R  G  T  P  D  A  Z
V  R  A  N  A  R  S  D  C  R  V  M  A  I  F
```

PČELA	OGRADE
POLJOPRIVREDE	VRANA
PIRINAČ	SENO
VODA	ĐUBRIVA
TELE	PILE
MAGARAC	MAČKA
KOZA	MED
POLJE	SVINJA
KONJ	JATO
PAS	KRAVA

74 - Livros

```
R  P  P  K  M  K  O  N  T  E  K  S  T  B  L
O  E  I  N  V  E  N  T  I  V  N  I  U  T  T
M  S  A  P  D  V  O  J  N  O  S  T  S  И  J
A  M  N  V  R  A  F  A  A  Y  Z  T  И  И
N  A  N  Y  O  I  K  S  J  I  R  O  T  S  I
C  J  S  B  T  F  Č  C  I  U  K  J  R  M  J
Č  I  E  C  A  L  G  A  R  U  K  G  C  B  A
R  I  Z  N  R  K  O  L  E  K  C  I  J  A  N
G  V  T  J  A  P  E  T  S  V  I  U  A  F  A
M  C  Z  A  N  O  O  Z  I  M  C  D  U  D  P
M  И  R  F  Č  M  R  E  K  S  P  E  T  V  I
A  V  A  N  T  U  R  A  Z  C  B  I  O  V  S
K  N  J  I  Ž  E  V  N  E  I  P  C  R  K  A
L  S  T  R  A  N  A  I  L  G  J  A  P  I  N
S  E  D  E  F  O  N  T  N  A  V  E  L  E  R
```

AUTOR
AVANTURA
KOLEKCIJA
KONTEKST
DVOJNOST
NAPISAN
EPSKE
PRIČA
ISTORIJSKI
INVENTIVNI

ČITAČ
KNJIŽEVNE
NARATOR
STRANA
PESMA
POEZIJE
RELEVANTNO
ROMAN
SERIJA

75 - Chocolate

```
A  E  M  O  R  A  T  S  N  P  И  S  K  K  F
J  N  P  H  A  K  V  B  L  E  V  P  O  V  S
I  Č  T  P  E  C  E  R  E  A  R  J  K  A  G
R  I  D  I  И  A  L  R  M  J  T  Y  O  L  U
O  T  A  Z  O  J  Z  G  A  T  Z  K  S  I  R
L  O  N  S  U  K  U  V  R  H  Z  A  O  T  J
A  Z  V  E  O  L  S  R  A  Z  H  J  K  E  U
K  G  U  O  G  M  G  I  K  H  A  O  I  T  S
Z  E  E  I  D  Y  I  E  D  J  A  T  K  Y  M
B  L  Z  U  K  U  S  L  R  A  Y  S  I  D  P
Z  A  N  A  T  S  K  I  J  R  N  A  R  C  R
K  A  K  A  O  E  A  A  R  E  N  S  I  S  A
R  A  D  U  N  R  J  И  L  Ć  N  R  K  P  H
L  T  P  Z  P  K  A  I  L  E  N  I  I  Y  A
G  O  R  K  A  S  N  C  L  Š  И  И  A  C
```

ŠEĆERA

GORKA

KIKIRIKI

ANTIOKSIDANS

AROME

ZANATSKI

KAKAO

KALORIJA

KARAMEL

KOKOS

UKUSNO

SLATKO

EGZOTIČNE

OMILJENI

UKUS

SASTOJAK

PRAH

KVALITET

RECEPT

76 - Governo

```
S N A C I O N A L N A A L G O
J L N S I M B O L F P F E S M
T S O N S I V A Z E N O L U B
M H K B C I V I L N I K P D V
И S A R O V O G M И B R G S A
И Y Z И T D P T M O S U H K P
Z C E K I N E M O P S G U E Z
P J E D N A K O S T L F B S N
P Y R V B G L D R Ž A V E R A
P R M B Y E J I S U K S I D C
R J A L C M Z D D A G I K O I
C A M V A T S U B E U I F P J
M H A U D P E U R S R G P Y E
U E J I T A R K O M E D Y И T
O D P O L I T I K E J A O Z I
```

CIVILNI
USTAV
DEMOKRATIJE
GOVOR
DISKUSIJE
OKRUG
DRŽAVE
JEDNAKOST
NEZAVISNOST
SUDSKE

PRAVDA
ZAKON
SLOBODE
LIDER
SPOMENIK
NACIONALNA
NACIJE
POLITIKE
SIMBOL

77 - Jardinagem

```
K  A  J  N  Ć  O  V  K  Y  K  A  E  E  V  Z
F  D  F  P  I  K  B  O  S  O  K  A  P  L  E
C  O  И  К  I  O  M  E  N  S  V  Y  A  M
C  V  E  T  N  I  T  P  Z  T  E  E  T  G  L
A  J  T  L  F  A  A  O  O  E  G  C  M  E  J
R  V  S  U  B  C  N  S  N  J  Z  R  C  E  A
F  D  R  M  U  T  I  T  S  N  O  E  U  A  V
N  N  V  U  K  I  Č  P  K  E  T  V  F  K  P
L  I  S  T  E  L  K  Y  I  R  I  O  V  L  E
A  J  Y  E  T  O  I  F  S  Z  Č  E  D  I  R
C  S  B  O  P  O  M  P  A  U  N  N  И  M  Y
Y  V  P  V  P  B  G  G  N  K  E  S  F  A  D
P  Y  E  Ć  Š  I  L  J  E  S  T  I  V  O  S
J  B  C  T  V  L  Z  F  P  I  Y  A  Z  G  V
И  R  P  R  L  J  A  V  Š  T  I  N  E  N  V
```

VODA	LIST
BOTANIČKI	LIŠĆE
BUKET	CREVO
KLIMA	VOĆNJAK
JESTIVO	KONTEJNER
KOMPOST	SEZONSKI
VRSTE	SEME
EGZOTIČNE	ZEMLJA
CVET	PRLJAVŠTINE
CVETNI	VLAGE

78 - Profissões #2

```
P  A  L  G  G  A  F  Z  O  O  L  O  G  F  U
B  R  R  A  K  E  T  O  I  L  B  I  B  I  Č
A  O  O  N  P  M  A  L  T  O  L  I  P  L  I
Š  T  T  N  O  N  K  И  L  O  C  Y  B  O  T
T  A  E  M  A  V  O  Z  L  D  G  D  P  Z  E
O  R  A  K  E  L  I  P  P  S  O  R  Č  O  L
V  T  O  H  V  D  A  N  A  R  L  P  A  F  J
A  S  A  R  A  B  U  Z  A  A  O  J  V  F  A
N  U  H  I  R  U  R  G  A  R  I  A  I  S  И
N  L  Z  Y  T  U  Y  P  M  Č  B  F  Ž  A  U
H  I  L  I  N  G  V  I  S  T  A  A  A  U  A
I  N  Ž  E  N  J  E  R  E  Y  P  R  R  U  D
A  S  T  R  O  N  A  U  T  A  B  M  T  K  F
F  Y  Z  T  J  V  C  P  N  E  P  E  S  A  G
M  I  C  H  S  L  I  K  A  R  D  R  I  E  Y
```

FARMER
ASTRONAUTA
BIBLIOTEKAR
BIOLOG
HIRURG
ZUBAR
INŽENJER
FILOZOF
FOTOGRAF
ILUSTRATOR

PRONALAZAČ
ISTRAŽIVAČ
BAŠTOVAN
NOVINAR
LINGVISTA
LEKAR
PILOT
SLIKAR
UČITELJ
ZOOLOG

79 - Negócios

```
E Z F D P G T T I P Y H F K I
K A I K O R O B E R R G H O N
O P N A S H T T O И B Y M V
N O A N L G I G P D Y P K P E
O S N C O P P R O A V I D A S
M L S E D S P O P J U Z K N T
I E I L A P U L U A S U N I I
J N J A V R Z M S I И A O J C
E O A R C U E V T M P J V A I
P G C I A O R J A R L J A K J
R B K J D U O U I L Y A C Š A
O L J E N P P M A R U F P O S
M N R A D N J U S Z A T A R Y
D O B I T B U Ž E T K E T P
B A F A B R I K E F F И A Y D
```

KARIJERA	FINANSIJA
TROŠKA	POREZ
POPUST	INVESTICIJA
NOVAC	RADNJU
EKONOMIJE	DOBIT
ZAPOSLENOG	ROBE
POSLODAVCA	VALUTE
KOMPANIJA	BUDŽET
KANCELARIJE	PRIHOD
FABRIKE	PRODAJA

80 - Fazenda #2

```
D  M  S  M  P  O  V  D  P  D  V  P  A  H  A
И  P  A  L  A  T  O  V  M  A  Č  E  J  B  P
N  T  E  E  S  S  Ć  F  P  B  T  J  T  R  R
V  A  A  K  T  F  E  A  U  F  H  K  P  I  A
O  D  V  A  I  R  C  R  H  I  S  Z  A  S  A
Ć  A  Z  O  R  E  V  M  K  U  K  U  R  U  Z
N  V  K  Y  D  J  O  E  P  Š  E  N  I  C  E
J  I  D  M  A  N  P  R  P  O  V  R  Ć  A  L
A  L  D  И  P  I  J  A  M  B  A  R  S  D  E
K  T  M  F  И  T  J  A  C  I  N  Š  O  K  R
T  R  A  K  T  O  R  A  V  V  N  V  N  V  Z
S  K  I  Y  H  V  K  B  G  A  P  E  K  L  I
S  И  Z  Z  E  I  I  Z  B  N  N  L  A  M  E
T  И  C  Z  O  Ž  A  D  F  P  J  J  A  T  P
T  H  N  A  F  F  R  P  F  M  J  E  E  И  F
```

FARMER
ŽIVOTINJE
AMBAR
JEČAM
KOŠNICA
JAGNJE
VOĆE
NAVODNJAVANJE
MLEKA
LAME

ZRELE
KUKURUZ
OVCE
PASTIR
PATKA
VOĆNJAK
LIVADA
TRAKTOR
PŠENICE
POVRĆA

81 - Jardim

```
Z P V Z P K F O T F K E T B V
G A R A Ž A L S G E Y N R A O
K J E T K Ć H U U R R S E Š Ć
F L E A A E A J P L A A M T N
I M J P J S B E H A V D S A J
D E L O N I N Z U U A V E A A
C Z B L V V I E E N K J P D K
T R A V A V L R O R D Y P F Z
E U R D R V O U U P G Y S G И
V M G Y T V P P P T O V E R C
C A H G A F M И G И U V G M Z
V A J N V L A A S P D C H M R
A C T T Y P R T S И K A L V J
H G V R I D T A L S T F F H K
L Z L T C Z И И Y D A U F J S
```

GRABLJE

GRM

DRVO

KLUPA

OGRADE

CVET

GARAŽA

TRAVA

TRAVNJAK

BAŠTA

JEZERU

VISEĆA

CREVO

LOPATA

VOĆNJAK

ZEMLJA

TERASA

TRAMPOLIN

TREM

VAJN

82 - Oceano

```
D G N C A Č A M A C R P Y T A
G L C T A A D И S S C L V A B
Y A C F G R E B E N E I P C K
E U R K O R A L V I P M A K Š
T V E B I R O A A A C E Z O J
H U Đ I D A R L H K H K U L E
A E N P P S L U O D I V D U G
D L U A B A R K B D E T E J U
A O S Č S C O J O F E L M A L
V N B A I T P A T H U D F Y J
R E G J R A I T N P C M Z I A
B R R N A L G E I S A B Z N N
U V Z R K D Z C C И D P K B N
D P K O U A T D E Y N И R E P
L F T K O S T R I G A H K P S
```

ALGE   PLIME
TUNA   MEDUZA
KIT   OSTRIGA
ČAMAC   RIBE
ŠKAMPI   HOBOTNICE
KRABA   GREBEN
KORAL   SO
JEGULJA   KORNJAČA
SUNĐER   OLUJA
DELFIN   AJKULA

83 - Profissões #1

```
D E E A S T R O N O M R Z E D
E D R A Č I Z U M O R N A R P
B V E T E R I N A R P C Y G S
U A D V G I A M B A S A D O R
R T N K A U E N Z A P V T L I
E S P K H T R V A N A O V O C
D I L J A E R P T U K L E E I
N N E D U R T O A P Č C Z G L
I A S P P A A K G Y N L D U
K J A M U T P S G A A O I H M
J I Č Z I A R T S E S L E K E
P P I G O L O H I S P A B L T
U Y C A U Z K R O J A Č C J N
A F A R G O T R A K B M G O I
A D V O K A T T O H A S P H K
```

ADVOKAT	UREDNIK
KROJAČ	AMBASADOR
UMETNIK	SESTRA
ASTRONOM	GEOLOG
BANKAR	ZLATAR
VATROGASAC	MORNAR
LOVAC	MUZIČAR
KARTOGRAF	PIJANISTA
NAUČNIK	PSIHOLOG
PLESAČICA	VETERINAR

84 - Força e Gravidade

```
P  M  E  Y  T  G  P  C  P  B  G  И  V  O  U
E  N  A  U  T  E  R  K  O  P  T  T  R  T  D
B  O  Y  N  A  Č  I  M  A  N  I  D  E  K  A
T  R  E  N  J  A  T  T  J  D  R  E  M  R  L
C  V  M  U  I  Z  I  Y  S  R  И  N  E  I  J
S  И  A  T  T  I  S  C  E  N  T  A  R  Ć  E
F  I  Z  I  K  E  A  G  F  I  G  K  B  E  N
S  T  I  B  G  E  K  I  N  A  H  E  M  T  O
V  E  T  R  T  D  R  B  B  И  F  I  U  E  S
O  Ž  E  O  J  M  A  O  H  A  I  P  Z  N  T
J  I  N  O  S  E  S  N  V  A  O  Y  I  A  A
S  N  G  A  A  E  U  T  I  C  A  J  R  L  F
T  A  A  E  K  S  P  A  N  Z  I  J  A  P  E
V  P  M  T  H  M  I  D  Z  P  R  K  L  M  I
A  N  L  A  Z  R  E  V  I  N  U  B  C  P  B
```

TRENJA
CENTAR
OTKRIĆE
DINAMIČAN
UDALJENOST
OSE
EKSPANZIJA
FIZIKE
UTICAJ
MAGNETIZAM

MEHANIKE
POKRETU
ORBITU
TEŽINA
PLANETE
PRITISAK
SVOJSTVA
BRZINA
VREME
UNIVERZALNA

85 - Abelhas

```
H  A  T  E  Z  T  P  N  A  T  S  I  R  O  K
A  I  E  K  I  T  Y  B  T  S  D  P  C  I  R
M  B  M  U  A  P  K  И  Š  O  M  H  B  J  A
E  H  I  G  M  E  Z  И  A  K  U  U  Z  R  L
T  J  T  L  B  O  B  C  B  I  M  S  K  P  J
S  O  M  Y  J  N  Y  R  P  L  V  L  R  O  I
I  T  K  H  K  K  A  O  B  O  V  O  I  L  C
S  P  A  M  G  S  E  J  C  N  S  U  L  E  A
O  U  S  N  E  Ć  E  V  C  Z  U  L  A  N  A
K  И  O  A  I  D  E  S  U  A  N  D  I  M  O
E  I  V  U  M  Š  S  L  K  R  C  B  O  R  G
I  N  S  E  K  T  T  U  A  S  E  A  A  D  V
U  P  M  V  F  A  P  E  C  I  N  Š  O  K  O
H  K  B  F  N  R  P  F  G  G  P  E  I  F  Ć
C  V  E  T  F  K  I  G  I  I  D  K  F  J  E
```

KRILA
KORISTAN
VOSAK
KOŠNICE
RAZNOLIKOST
EKOSISTEM
ROJ
CVET
CVEĆE
VOĆE

DIM
STANIŠTE
INSEKT
BAŠTA
MED
BILJKE
POLEN
KRALJICA
SUNCE

86 - Ciência

```
F  I  Z  I  K  E  K  P  O  D  A  T  A  K  A
Č  P  M  Z  S  K  R  L  Z  N  J  Y  F  K  M
E  A  D  V  H  J  R  I  I  K  Z  P  K  Z  E
S  J  P  L  И  L  G  S  R  M  N  O  N  I  T
T  I  H  A  P  I  V  O  C  P  A  S  A  P  O
I  R  S  S  F  B  A  F  E  E  B  M  U  R  D
C  O  S  A  L  U  K  E  L  O  M  A  Č  I  O
E  T  A  R  M  T  P  J  P  V  E  T  N  R  R
G  A  L  D  L  F  E  И  I  Z  R  I  O  G
G  R  A  V  I  T  A  C  I  J  E  A  K  D  A
G  O  R  N  K  U  A  U  R  T  T  N  P  A  N
D  B  E  O  K  F  P  L  A  D  O  J  J  Y  I
K  A  N  R  G  T  E  O  V  N  P  E  E  N  Z
C  L  I  S  T  K  R  V  T  V  I  E  G  F  M
P  O  M  O  T  A  G  E  S  K  H  D  S  J  A
```

ATOM	LABORATORIJA
NAUČNIK	METOD
KLIMA	MINERALA
PODATAKA	MOLEKULA
EVOLUCIJE	PRIRODA
STVARI	POSMATRANJE
FIZIKE	ORGANIZMA
FOSIL	ČESTICE
GRAVITACIJE	BILJKE
HIPOTEZE	

87 - Comida #1

```
S  J  N  P  G  G  H  S  S  K  T  P  H  B  T
B  P  A  T  R  O  T  A  P  A  N  U  T  R  V
M  V  A  G  S  T  P  L  V  J  J  A  N  D  R
E  Y  H  N  O  R  V  A  E  S  R  B  R  Z  D
I  R  O  O  A  D  C  T  Z  I  S  O  K  K  L
C  J  H  B  L  Ć  A  A  C  J  G  B  M  A  Y
Š  A  R  G  A  R  E  P  A  E  N  H  P  J  E
P  P  И  V  T  M  E  E  G  T  M  A  D  L  D
Š  E  Ć  E  R  A  A  R  H  И  T  E  M  I  C
T  P  Y  J  J  S  S  O  D  H  M  A  A  S  И
B  I  L  P  D  L  N  S  N  N  I  P  Č  O  K
I  K  I  R  I  K  I  K  U  L  I  L  E  B  D
V  I  V  S  R  B  Y  U  M  P  I  G  J  C  R
H  H  Y  L  K  G  U  L  I  K  A  K  E  L  M
И  T  E  H  Z  L  A  M  L  T  E  C  U  R  A
```

ŠEĆERA	SPANAĆ
BELI LUK	MLEKA
KIKIRIKI	LIMUN
TUNA	BOSILJAK
TORTA	JAGODA
CIMET	REPA
LUK	SO
ŠARGAREPA	SALATA
JEČAM	SUPA
KAJSIJE	SOK

88 - Geometria

```
T A N E C O R P И T S A F G A
N V G A J T D F R J G I G I U
E K I G O L I N L E L A R A P
M C D E J D H Z B V O B K J O
G E N L A T N O Z I R O H I B
E S D D J S E A H R И A P R R
S A O I I E E G V K O G O T A
P M K T J M D U A T F U V E Č
K R U G B A E N A I M O R M U
B O N A B K N N A E H R Š I N
B T H R L P E A Z Č M T I S H
T E O R I J E O Y I I G N I N
V I S I N A A J F D J N A U D
P R E Č N I K P G K C U A J O
V E R T I K A L N E D M H O H
```

VISINA	MASE
UGAO	MEDIJANA
OBRAČUN	PARALELNI
KRUG	PROCENAT
KRIVE	SEGMENT
PREČNIK	SIMETRIJA
DIMENZIJU	POVRŠINA
JEDNAČINA	TEORIJE
HORIZONTALNE	TROUGAO
LOGIKE	VERTIKALNE

89 - Pássaros

```
A G P K U K A V I C A P A U N
I U A K S U G N O J A T C E A
A M P P Z B B O V D P U P T K
P Y A O Z H A P G V P U A D U
T S G И D Z D G F A B G R S T
L R A И Z M U S M O S I V M P
S L J R Z C B V M R S K B O I
H E R O N G A L E B U L O G N
E M N A K I L E P L F L G D G
R K G R F R S G U A I A N E V
A O M O И U E L F A M P I V I
A H D J L G I P O P N E M V N
B U G A A V G P H A Y C A Z H
V R A N A J U M I J M I L U U
P A T K A M E E J D O K F I P
```

NOJA	HERON
ORAO	JAJE
RODA	PAPAGAJ
LABUD	VRAPCA
VRANA	PATKA
KUKAVICA	PAUN
FLAMINGO	PELIKAN
PILE	PINGVIN
GALEB	GOLUB
GUSKA	TUKAN

90 - Literatura

```
B  A  H  P  E  O  Z  Y  B  J  B  T  G  T  N
I  N  N  Z  A  U  P  A  M  S  E  P  E  F  L
O  F  I  K  C  I  J  A  K  M  J  O  B  M  M
G  A  T  D  P  E  F  Z  U  L  E  M  I  R  A
R  M  I  Š  L  J  E  N  J  E  J  I  V  O  T
A  N  R  D  I  A  D  R  H  O  N  U  M  T  I
F  R  K  G  T  P  I  P  H  A  E  C  Č  U  R
I  A  M  Y  S  J  J  K  D  L  Đ  L  M  A  J
J  I  N  O  N  A  A  И  A  I  E  P  K  A  K
A  A  A  E  S  F  L  R  Z  P  R  S  A  Y  N
A  D  V  H  G  P  O  S  I  P  O  G  E  G  M
R  O  M  A  N  D  G  T  L  Z  P  D  Y  P  L
P  B  A  P  G  P  O  N  A  R  A  T  O  R  O
S  Y  И  A  R  L  J  T  N  R  F  D  D  P  P
U  P  J  И  A  R  O  F  A  T  E  M  M  E  R
```

ANALIZA	FIKCIJA
ANEGDOTA	METAFORA
AUTOR	NARATOR
BIOGRAFIJA	MIŠLJENJE
POREĐENJE	PESMA
ZAKLJUČAK	RIME
OPIS	RITAM
DIJALOG	ROMAN
STIL	TEMA

91 - Química

```
L Y K K A T A L I Z A T O R I
J O N I H U F Z S A N T V O P
G B P T S A G O J A I N O L И
R M C N B E O V V C Ž S L H R
B P N E D T O C И P E V R N D
C A U M Y O S N J L T A P F O
N И O E M L K B I P O A N R R
U U B L P P E L U K E L O M G
Z G K E G O N Č E T N K R U A
Z D L L P T Z U J D I A T E N
L B D J E C I D H L L L K C S
И M F B E A M C P H E N E G K
M B I T E N R G И B S E L T I
U P O S P V I N A Y I L E C I
V O D O N I K K E V K R D O A
```

ALKALNE
KISELINE
TOPLOTE
UGLJENIK
KATALIZATOR
HLOR
ELEMENTI
ELEKTRON
ENZIM
GAS

VODONIK
JON
TEČNOG
MOLEKUL
NUKLEARNE
ORGANSKI
KISEONIK
TEŽINA
SO

92 - Clima

```
U R A G A N R P T S T F A T M
F I K A U Y J K J O U V C A O
F K N F U G И S Y B R Š F O N
I A G R A T E V D P T N E S S
O L U J A Z M A S O R A A P U
E B R V G L P K U V O T N D N
A O K N U C O K V E P M I F O
L F C V D S B P A T S O V I V
И G B G L N E I S A K S A И G
E S J P E J N U M R E F J K A
A F S H D C D D B A G E L R H
И V R M R J I P R C J R M F C
T E M P E R A T U R A A R S A
G N J G Y J D D Z U A И G E P
M A G L A M I L K Z V A P V P
```

DUGA
ATMOSFERA
POVETARAC
NEBO
KLIMA
URAGAN
LED
MONSUN
MAGLA
OBLAK

POLARNI
MUNJE
SUŠE
SUVA
TEMPERATURA
OLUJA
TORNADO
TROPSKE
GRMLJAVINA
VETAR

93 - Arte

```
E  H  O  И  H  D  T  A  V  M  P  J  P  L  J
C  B  R  I  K  C  C  R  L  T  H  U  E  A  E
B  N  I  B  S  V  A  T  S  A  S  U  J  M  D
M  M  G  E  H  K  A  L  E  I  M  C  N  M  N
K  C  I  V  Z  A  R  Z  I  L  M  K  E  A  O
P  H  N  R  M  S  B  E  D  H  O  B  Ž  Z  S
O  T  A  M  E  T  R  U  N  O  B  T  O  I  T
R  И  L  P  O  E  Z  I  J  E  N  R  L  L  A
T  R  N  O  И  A  L  I  Č  N  I  K  O  A  V
R  P  E  K  Č  I  M  A  R  E  K  L  P  E  A
E  S  K  E  L  P  M  O  K  Z  O  I  S  R  N
T  L  S  T  V  O  R  I  T  I  U  A  A  D  F
U  I  V  I  Z  U  E  L  N  I  P  L  R  A  C
Y  K  R  O  I  N  S  P  I  R  I  S  A  N  P
A  E  R  U  T  P  L  U  K  S  K  R  K  N  P
```

KERAMIČKE	LIČNI
KOMPLEKS	SLIKE
SASTAV	POEZIJE
STVORITI	PORTRET
SKULPTURE	JEDNOSTAVAN
IZRAZ	SIMBOL
ISKREN	TEMA
RASPOLOŽENJE	NADREALIZAM
INSPIRISAN	VIZUELNI
ORIGINALNE	

94 - Diplomacia

```
V И P R A V D A B O K U S K V
Z R G S E J I S U K S I D U E
V И B A U I E A E T I K E I L
R E Š E N J E Z U G O V O R A
V I C T Z A P K I N T E V A S
P U O P A D Đ B A K F S I J S
A S R O D A S A B M A I N I A
C M P A H L R S R S B G T C R
I G B Z S V H S G G Z U E U A
N R N A P A Z E U U K R G L D
D M I C S C N S S T R N R O N
E J B N F A S R H O B O I Z J
J R S H U D D U N C I S T E A
A D B E M L D E P R M T E R Z
Z R J P P O L I T I K E T N V
```

GRAĐANA   VLADA
ZAJEDNICA   INTEGRITET
SUKOBA   PRAVDA
SAVETNIK   JEZIKA
SARADNJA   POLITIKE
DISKUSIJE   REZOLUCIJA
AMBASADE   SIGURNOST
AMBASADOR   REŠENJE
ETIKE   UGOVORA

95 - Comida # 2

```
F U J L T H V P C M O U O N N
J M D T C A B I V I K K V P P
E E H S U Z N B Š N R I B E H
B A N A N E J N G N P O T H H
И G Č O K O L A D A J E M P F
S H I T L F I Ž D B N E D L E
B D J L Z G G D K A B A D E M
A T K P B R L I K K R I S L S
K R J A J E J L P N V A A G H
U G T A N I I T B U U V P I E
B R R I R G V A G Š A P C Z V
A O U P Č E A P P Š E N I C E
J Ž G I L O K O R B S I H O И
U Đ O L P O K P I R I N A Č D
A A J E A R V E J O K U E J Z
```

ARTIČOKE	JOGURT
BADEM	KIVI
PIRINAČ	JABUKA
BANANE	JAJE
PATLIDŽAN	RIBE
BROKOLI	ŠUNKA
VIŠNJE	SIR
ČOKOLADA	PARADAJZ
GLJIVA	PŠENICE
PILE	GROŽĐA

96 - Universo

```
E R A A S Z O G I E S H N O E
J O S T O O M A P V N O A K N
A U T M L D I L T I Y V G S R
K T R O S I E A N J C H I E A
И I O S T J R K T L E Y B B L
G B N F I A E S Č D J Y C E O
H R O E C K F I И I I H N N S
T O M R I A S J U V M B D J И
M E R A J D I A O P O S I O R
H E L I A M M H B J N P O A K
K Z D E Z C E S E M O M R K F
P C E B S O H J N P R Z E J K
L E I O G K N H I C T J T L Y
L J P R A D O T Z B S И S U M
E K V A T O R P I Y A A A G G
```

ASTEROID
ASTRONOMIJE
ASTRONOM
ATMOSFERA
NEBESKO
NEBO
KOSMIČKE
EON
EKVATOR
GALAKSIJA

HEMISFERE
HORIZONT
NAGIB
MESEC
ORBITU
SOLARNE
SOLSTICIJA
TELESKOP
VIDLJIVE
ZODIJAKA

97 - Jazz

```
A  L  P  O  L  O  J  A  T  E  H  N  I  K  A
Z  M  O  H  U  Y  J  M  A  T  I  R  K  I  K
O  R  K  E  S  T  A  R  N  A  Ž  S  O  M  I
T  F  E  S  F  P  B  J  Z  Y  P  K  M  P  Z
P  A  A  U  A  V  J  J  O  D  D  I  P  R  U
D  F  L  V  V  J  T  O  P  L  O  N  O  O  M
S  J  I  E  O  K  O  N  C  E  R  T  Z  V  U
P  A  T  Z  N  R  S  T  A  R  I  E  I  I  P
T  A  S  P  A  A  I  I  A  O  I  M  T  Z  E
T  A  A  T  J  F  T  T  B  D  E  U  O  A  S
M  H  T  A  A  L  H  D  A  L  M  T  R  C  M
S  C  I  U  I  V  E  J  N  B  U  B  N  I  A
N  A  G  L  A  S  A  K  И  A  B  A  K  J  S
Y  A  Y  B  N  V  S  B  D  D  L  P  D  E  R
B  I  P  L  G  P  P  O  M  J  A  P  H  N  T
```

UMETNIK	FAVORITA
ALBUM	ŽANR
BUBNJEVI	IMPROVIZACIJE
PESMA	MUZIKA
SASTAV	NOVA
KOMPOZITOR	ORKESTAR
KONCERT	RITAM
STIL	TALENAT
NAGLASAK	TEHNIKA
POZNAT	STARI

98 - Barcos

```
N V A M E B V O P H I R P L P
A A P O S A D E K F P P Y B V
T L U P M M И Z H O L K F K K
T P K T J A R B O L I И R B A
U S B F I M O R E Y M U M R J
B O V A K Č V V P M E Y Z A A
J V L Z A T K J E Z E R O N K
Y Y E A N A A I T F E K E R G
E D C P U E И L H R R O T O M
S T R R K P V D A R F N H M C
V I D O K P L G S S И O A И N
Z N D I E R B B И T A P J R A
L C F R K H H T K E J A R T K
Y I N M O N E D N C U C V A I
H Y V V Y D P O K E A N D A И E
```

SIDRO
TRAJEKT
BOVA
KAJAK
KANU
KONOPAC
DOK
JAHTE
SPLAV
JEZERO

MORE
PLIME
MORNAR
JARBOL
MOTOR
NAUTIČKIH
OKEAN
TALASA
REKE
POSADE

99 - Mamíferos

```
A D K A E D I A B L U H B A F
K B A G C N U M J A M P Y O Y
A I M T L V K Y N V F S L O N
P K I I O P I T O M A A K G E
N M L K F J O G K G И P R M P
S V E T K I O U Y H S E C I P
J R R U G N E K P Z M F Y Z Ž
M R J C L N M S H O V C E E G
S A C I S I L K U D O B K C O
D B Č И И F V U K A C S N J R
V R F K B L H T H B Z И C U I
M Y A H A E L Z G A E F C M L
E И I A H D F U C R B B T F A
A Z R M Y A P R N A R E O A P
U T H K P O A Z Y A A S P F C
```

KIT	ŽIRAFA
KAMILE	DELFIN
KENGUR	GORILA
DABAR	LAV
KONJ	VUK
PAS	MAJMUN
ZEC	OVCE
KOJOTA	LISICA
SLON	BIK
MAČKA	ZEBRA

100 - Atividades e Lazer

```
O  V  T  S  N  A  V  O  T  Š  A  B  U  И  R
P  P  R  I  B  O  L  O  V  P  C  Z  M  A  O
Y  G  U  R  D  A  E  A  D  U  R  E  E  D  N
C  U  O  Š  C  L  B  S  Y  T  Y  J  T  J  J
S  U  L  G  T  R  A  A  I  O  G  N  N  U  E
K  U  A  И  A  T  K  G  V  H  A  O  И  N
O  H  R  D  J  J  J  V  U  A  L  V  S  D  J
B  N  F  F  L  C  H  U  N  T  V  I  T  L  E
T  A  Y  L  O  I  S  O  Ć  I  S  L  I  K  U
E  M  A  O  B  V  L  A  B  E  G  P  A  S  P
N  A  R  G  Z  P  A  Y  G  I  N  V  F  F  E
I  O  R  A  J  L  B  N  И  T  J  H  C  S  P
S  J  Z  E  E  U  D  P  J  A  C  E  M  H  И
V  G  T  A  B  V  U  O  G  E  F  B  L  G  R
E  I  C  J  I  F  F  K  O  Š  A  R  K  U  E
```

UMETNOST	RONJENJE
KOŠARKU	PLIVANJE
BEJZBOL	RIBOLOV
BOKS	SLIKU
FUDBAL	OPUŠTAJUĆE
GOLF	SURFOVANJE
HOBIJE	TENIS
BAŠTOVANSTVO	PUTOVATI

1 - Dirigindo

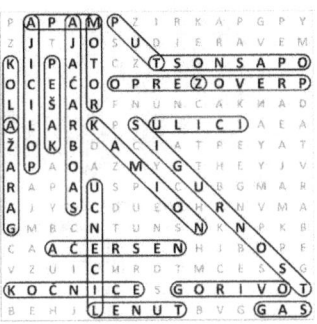

2 - Antiguidades

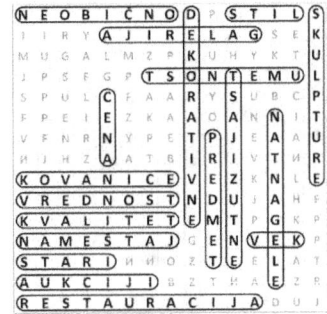

3 - Churrascos

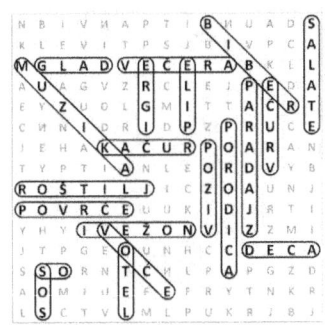

4 - Pesca

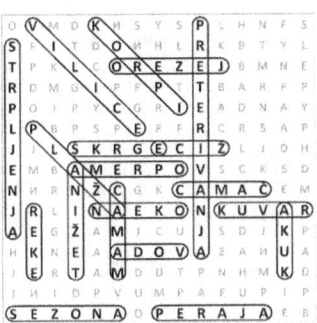

5 - Geologia

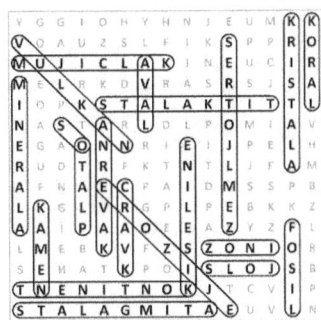

6 - Ética

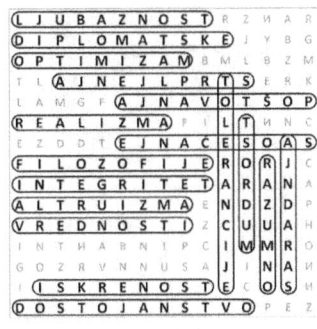

7 - Tempo

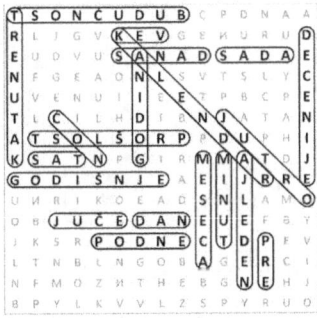

8 - Astronomia

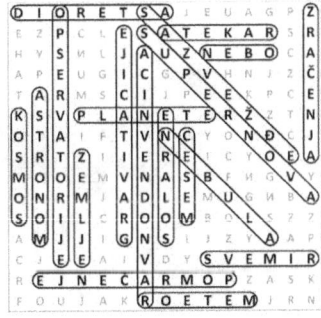

9 - Acampamento

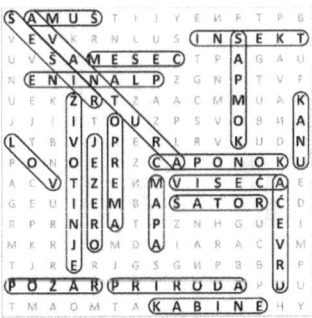

10 - Ficção Científica

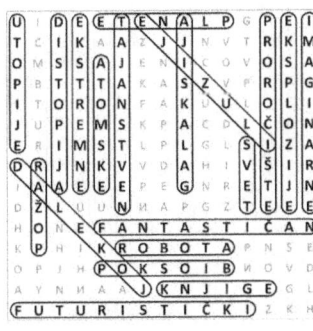

11 - Mitologia

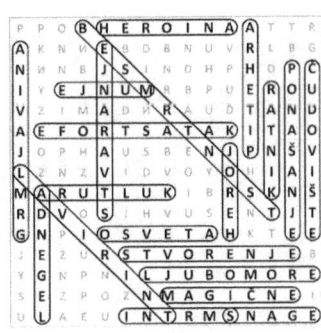

12 - Medições

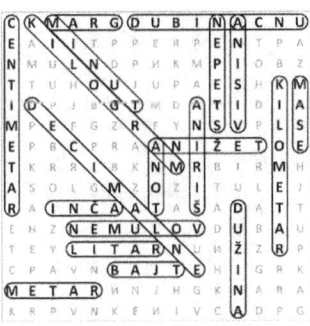

13 - Álgebra

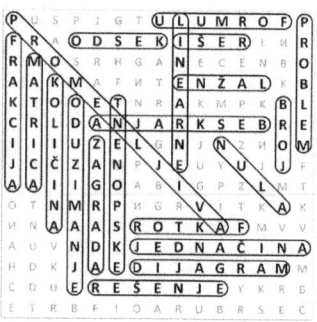

14 - Plantas

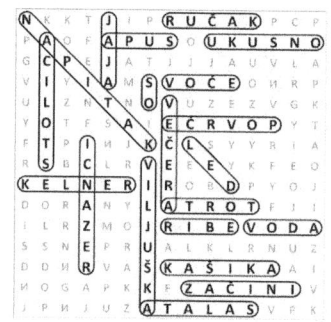

15 - Veículos

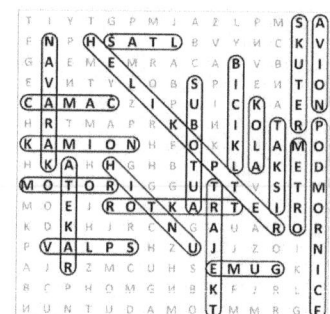

16 - Engenharia

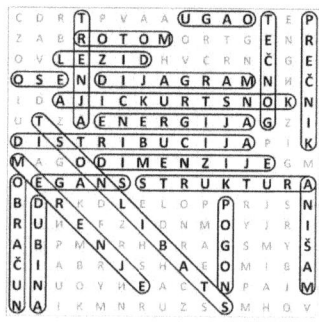

17 - Restaurante #2

18 - Países #2

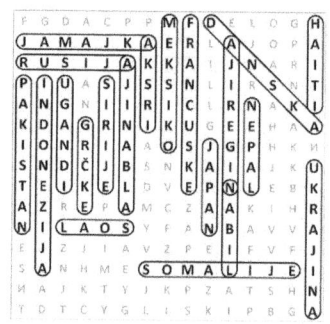

19 - Material de Arte

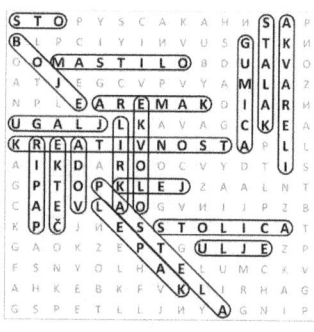

20 - Números

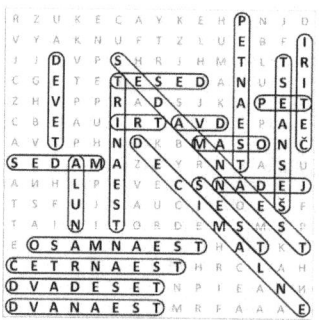

21 - Física

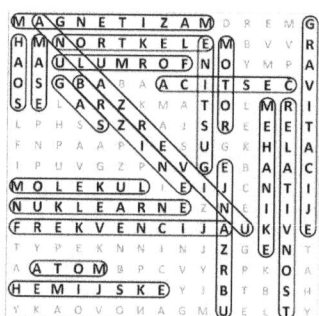

22 - Especiarias

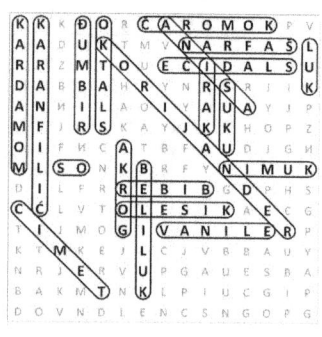

23 - Países #1

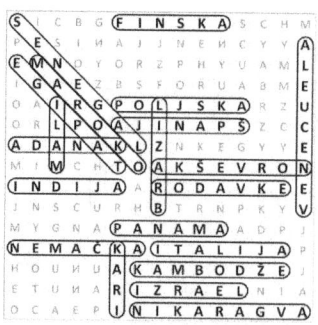

24 - A Mídia

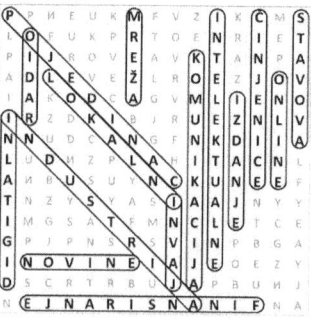

25 - Casa

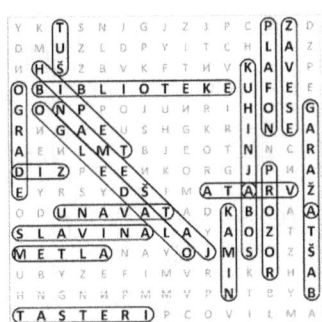

26 - Vegetais

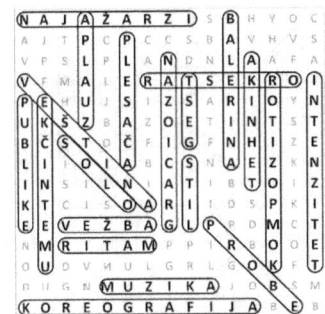

27 - Balé

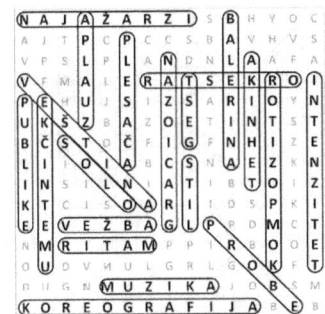

28 - Adjetivos #1

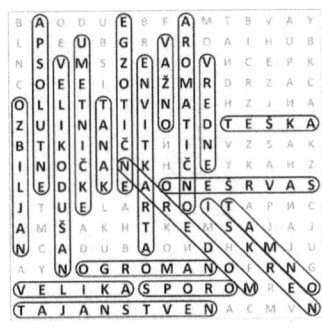

29 - Psicologia

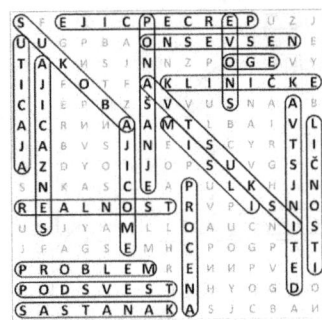

30 - Paisagens

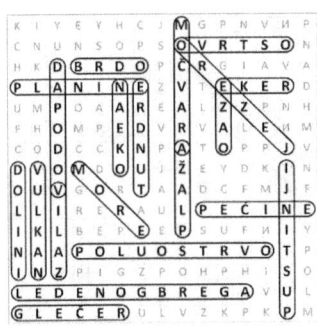

31 - Dança

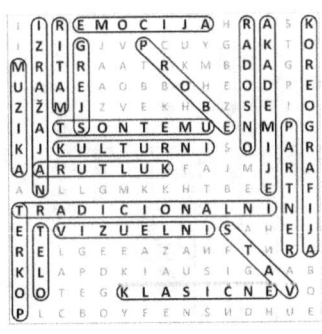

32 - Nutrição

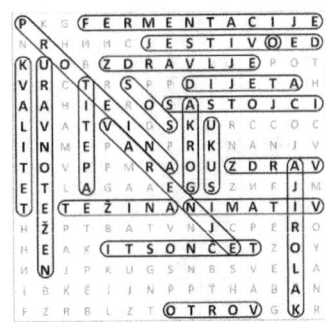

33 - Energia

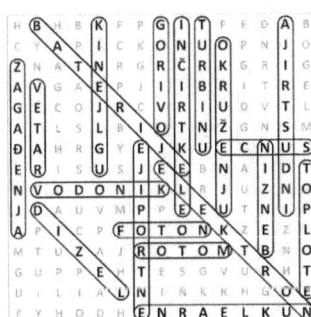

34 - Disciplinas Científicas

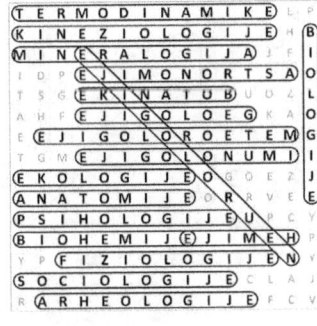

35 - Meditação

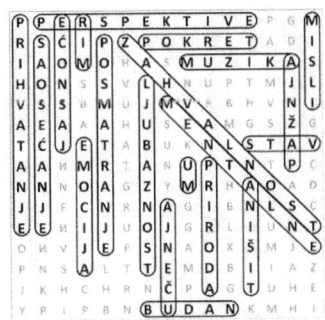

36 - Artes Visuais

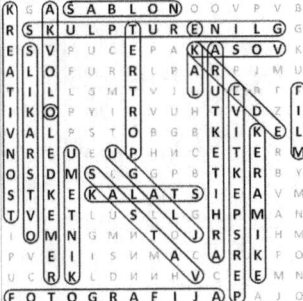

37 - Moda

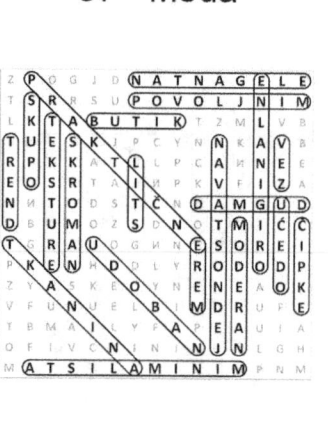

38 - Instrumentos Musicais

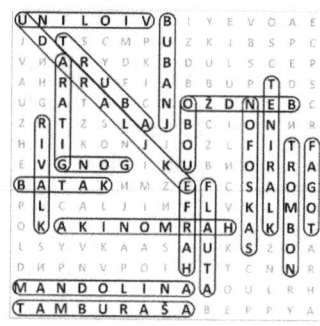

39 - Adjetivos #2

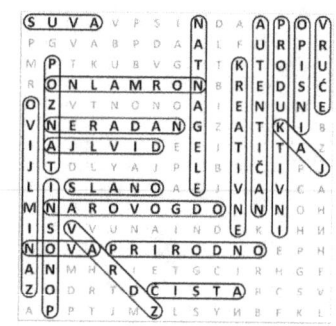

40 - Roupas

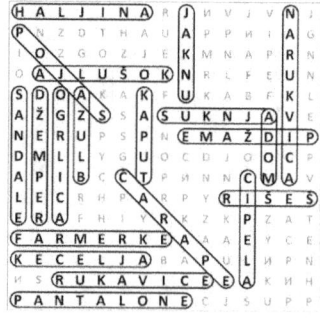

41 - Herbalismo

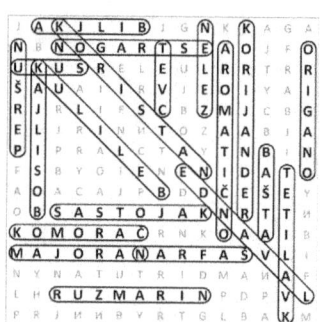

42 - Arqueologia

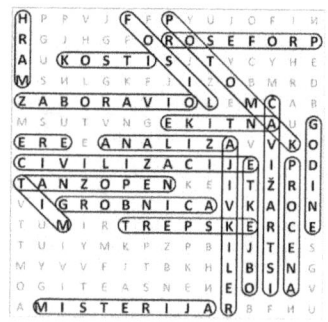

43 - Agronomia

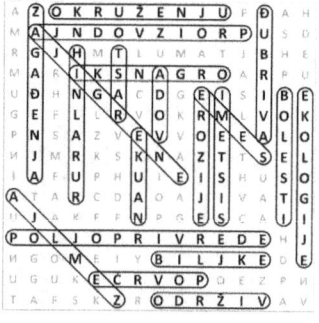

44 - Frutas

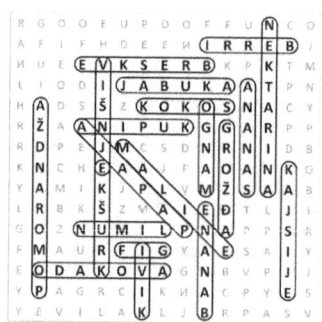

45 - Corpo Humano

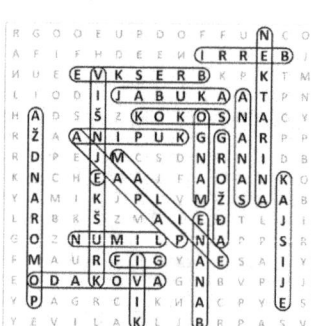

46 - Caminhada

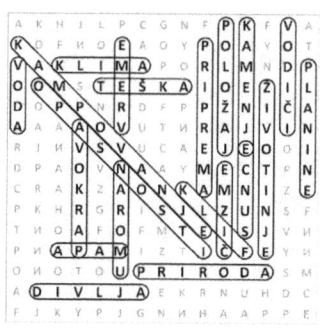

47 - Biologia

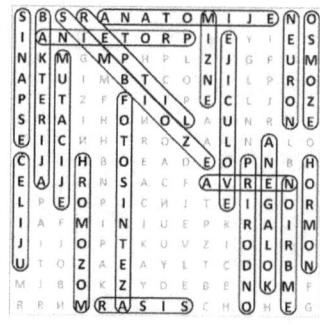

48 - Beleza

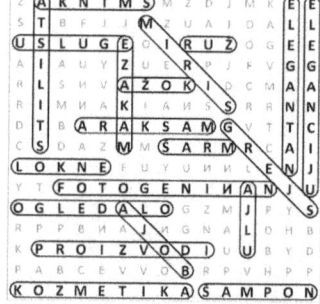

49 - Filantropia

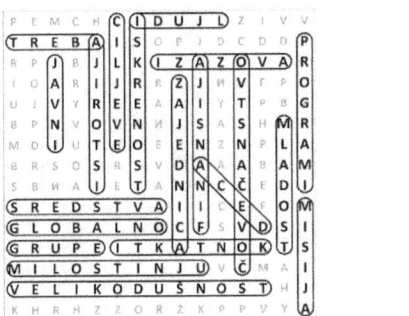

50 - Ecologia

51 - Família

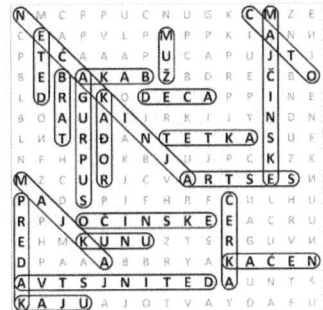

52 - Férias #2

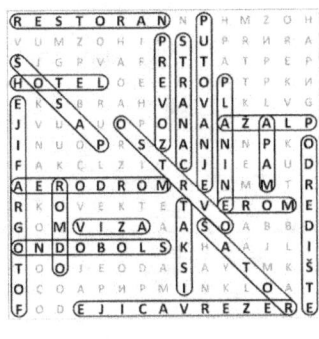

53 - Edifícios

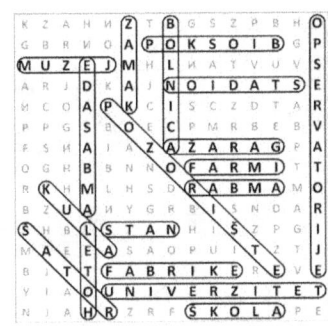

54 - Aventura

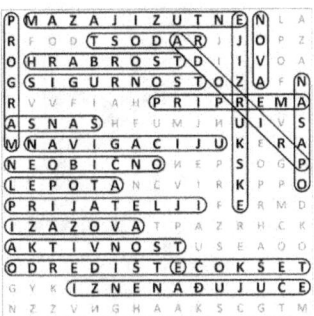

55 - Floresta Tropical

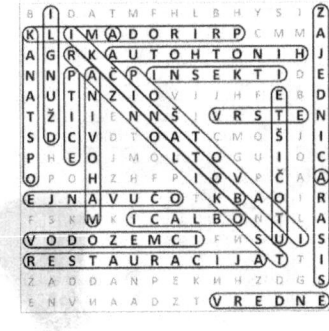

56 - Cidade

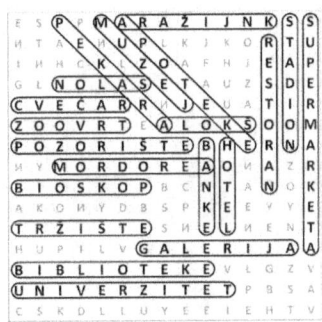

57 - Música

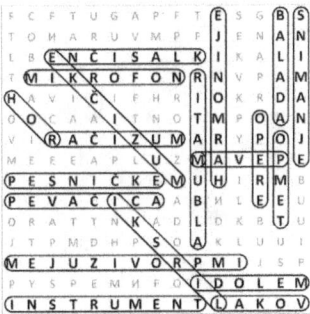

58 - Matemática

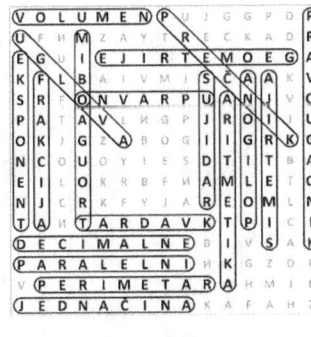

59 - Saúde e Bem Estar #1

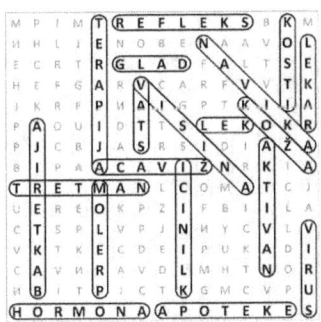

60 - Imigração

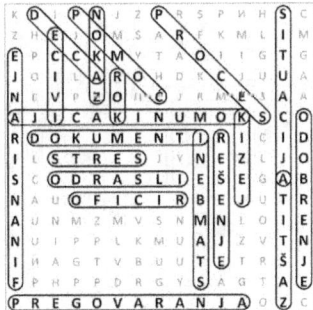

61 - Natureza

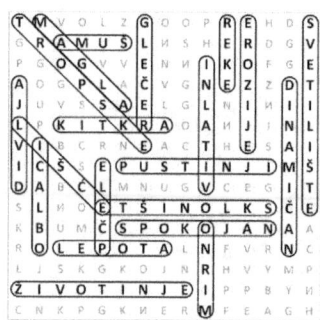

62 - A Empresa

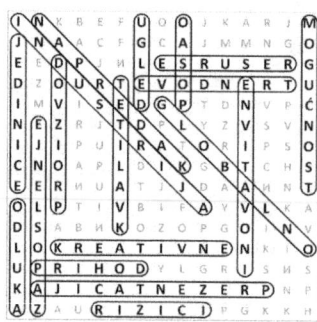

63 - Doença

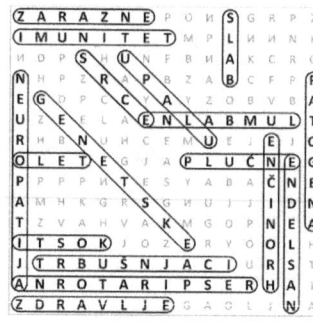

64 - Aquecimento Global

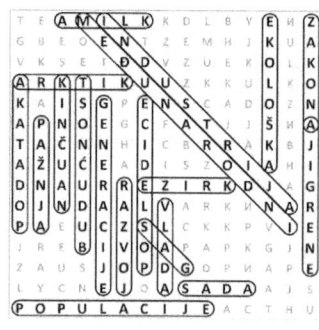

65 - Aviões

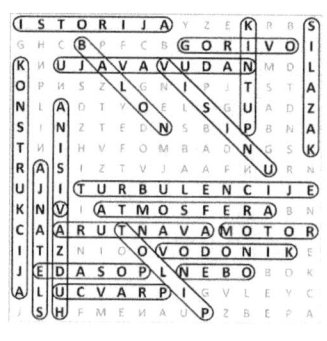

66 - Tipos de Cabelo

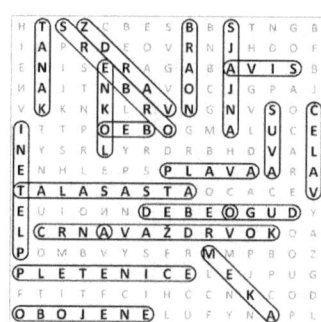

67 - Criatividade

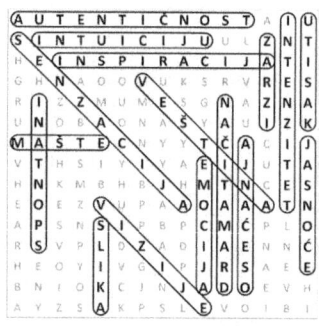

68 - Dias e Meses

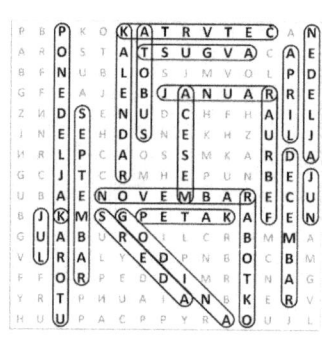

69 - Saúde e Bem Estar #2

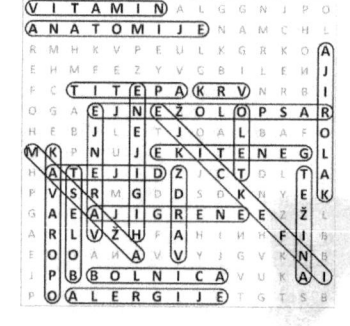

70 - Geografia

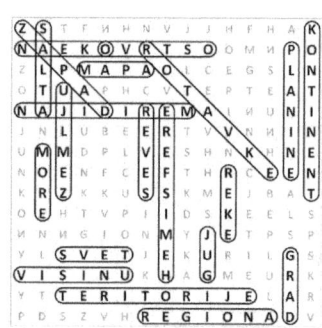

71 - Antártica

72 - Flores

73 - Fazenda #1

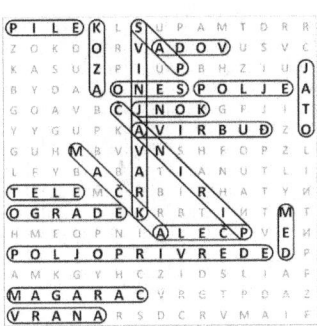

74 - Livros

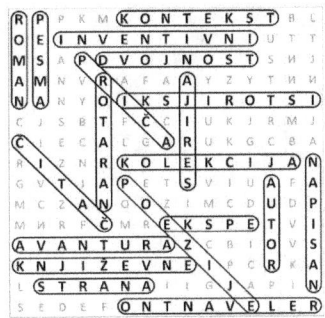

75 - Chocolate

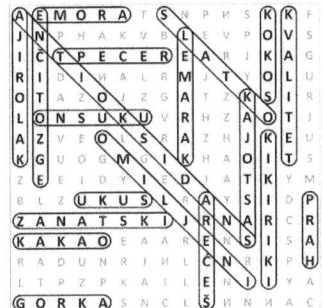

76 - Governo

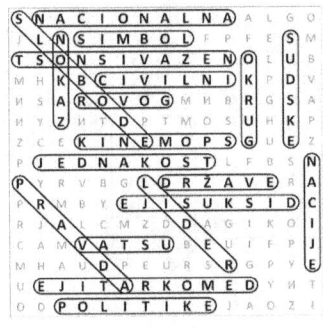

77 - Jardinagem

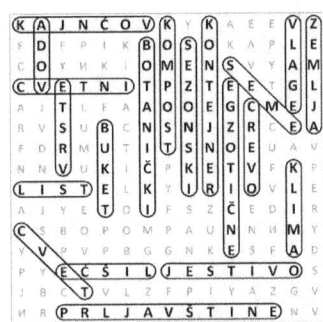

78 - Profissões #2

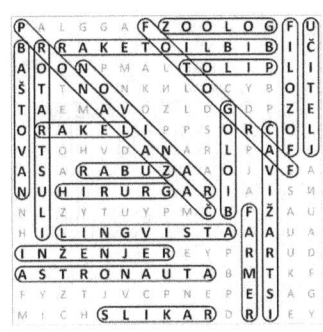

79 - Negócios

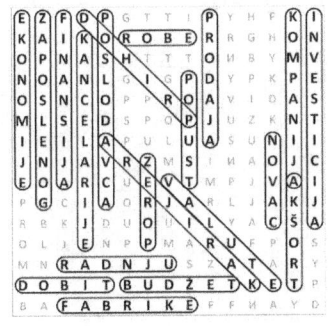

80 - Fazenda #2

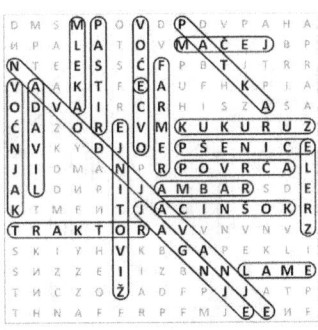

81 - Jardim

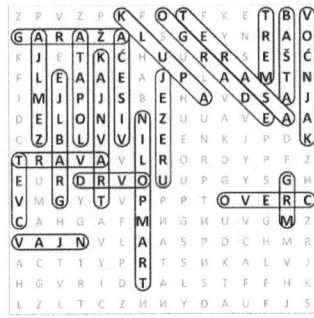

82 - Oceano

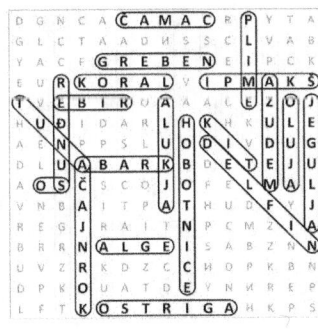

83 - Profissões #1

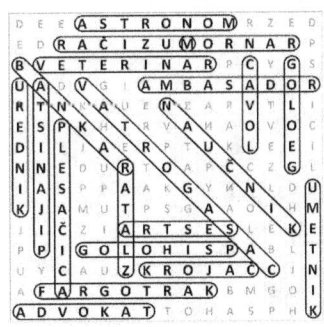

84 - Força e Gravidade

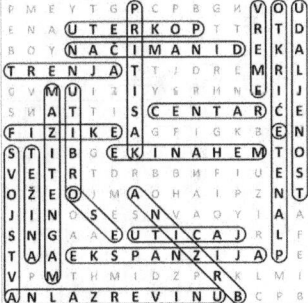

85 - Abelhas

86 - Ciência

87 - Comida #1

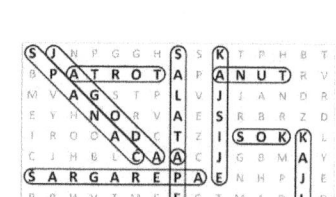

88 - Geometria

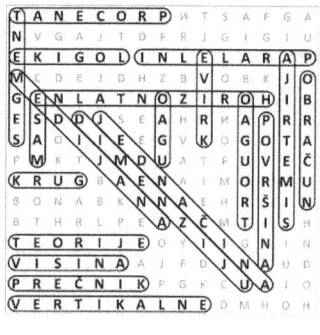

89 - Pássaros

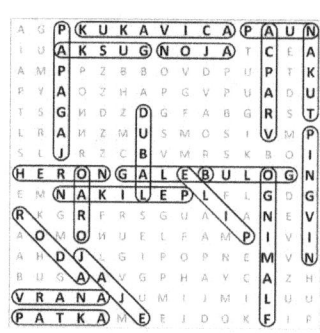

90 - Literatura

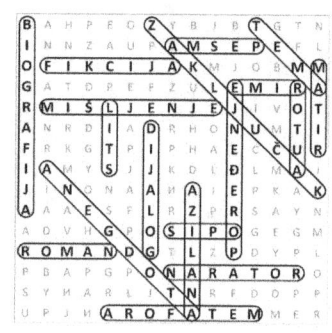

91 - Química

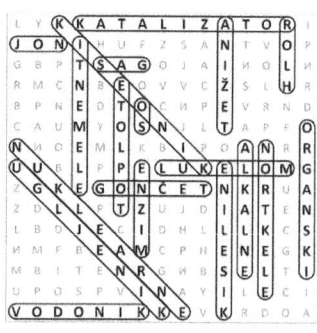

92 - Clima

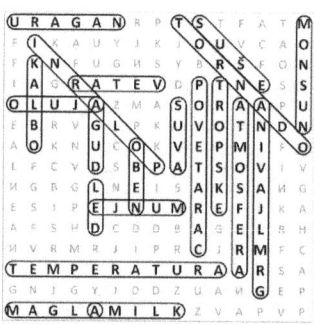

93 - Arte

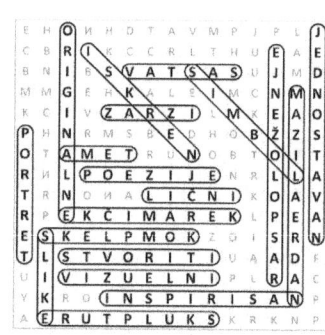

94 - Diplomacia

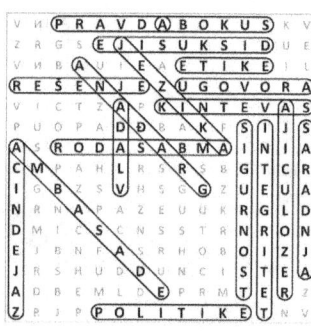

95 - Comida # 2

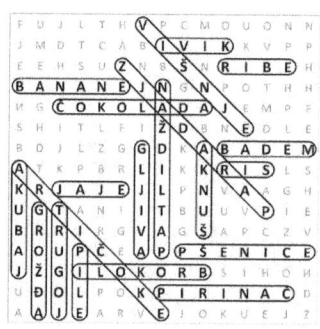

96 - Universo

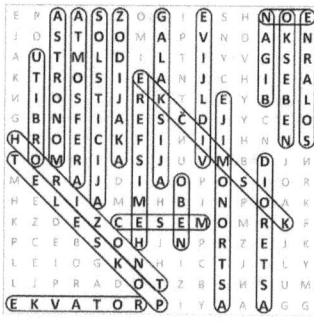

97 - Jazz

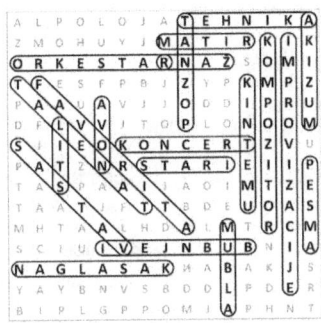

98 - Barcos

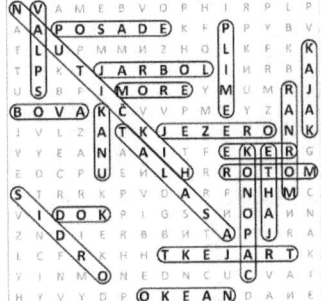

99 - Mamíferos

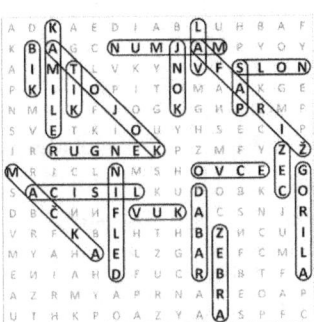

100 - Atividades e Lazer

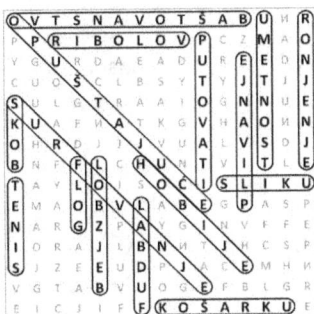

Dicionário

A Empresa
Kompanija

Apresentação	Prezentacija
Criativo	Kreativne
Decisão	Odluka
Emprego	Zaposlenje
Global	Globalno
Indústria	Industrija
Inovador	Inovativne
Investimento	Investicija
Negócio	Posao
Possibilidade	Mogućnost
Produto	Proizvod
Profissional	Profesionalni
Progresso	Napredak
Qualidade	Kvalitet
Receita	Prihod
Recursos	Resurse
Reputação	Ugled
Riscos	Rizici
Tendências	Trendove
Unidades	Jedinice

A Mídia
Mediji

Atitudes	Stavova
Comercial	Komercijalni
Comunicação	Komunikacija
Digital	Digitalni
Edição	Izdanje
Educação	Obrazovanje
Fatos	Činjenice
Financiamento	Finansiranje
Fotos	Fotografije
Individual	Pojedinac
Indústria	Industrija
Intelectual	Intelektualne
Jornais	Novine
Local	Lokalni
Online	Online
Opinião	Mišljenje
Público	Javni
Rádio	Radio
Rede	Mreža
Televisão	Televizija

Abelhas
Pčele

Asas	Krila
Benéfico	Koristan
Cera	Vosak
Colmeia	Košnice
Diversidade	Raznolikost
Ecossistema	Ekosistem
Enxame	Roj
Flor	Cvet
Flores	Cveće
Fruta	Voće
Fumaça	Dim
Habitat	Stanište
Inseto	Insekt
Jardim	Bašta
Mel	Med
Plantas	Biljke
Pólen	Polen
Rainha	Kraljica
Sol	Sunce

Acampamento
Kampovanje

Animais	Životinje
Aventura	Avantura
Árvores	Drveća
Bússola	Kompas
Cabine	Kabine
Caça	Lov
Canoa	Kanu
Chapéu	Šešir
Corda	Konopac
Equipamento	Oprema
Floresta	Šuma
Fogo	Požar
Inseto	Insekt
Lago	Jezero
Lua	Mesec
Maca	Viseća
Mapa	Mapa
Montanha	Planine
Natureza	Priroda
Tenda	Šator

Adjetivos #1
Придеви Бр.

Absoluto	Apsolutne
Aromático	Aromatično
Artístico	Umetničke
Atraente	Atraktivne
Enorme	Ogroman
Escuro	Tamno
Exótico	Egzotične
Fino	Tanak
Generoso	Velikodušan
Grande	Velika
Honesto	Iskren
Idêntico	Identičan
Importante	Važno
Lento	Sporo
Misterioso	Tajanstven
Moderno	Moderan
Perfeito	Savršeno
Pesado	Teška
Sério	Ozbiljan
Valioso	Vredne

Adjetivos #2
Придеви Бр.

Autêntico	Autentičan
Criativo	Kreativne
Descritivo	Opisni
Dotado	Nadaren
Elegante	Elegantan
Famoso	Poznat
Forte	Jak
Interessante	Zanimljivo
Natural	Prirodno
Normal	Normalno
Novo	Nova
Orgulhoso	Ponosni
Produtivo	Produktivni
Puro	Čista
Quente	Vruće
Responsável	Odgovoran
Salgado	Slano
Saudável	Zdrav
Seco	Suva
Selvagem	Divlja

Agronomia
Agronomija

Agricultura	Poljoprivrede
Ambiente	Okruženju
Água	Voda
Ciência	Nauke
Crescimento	Rast
Doenças	Bolesti
Ecologia	Ekologije
Energia	Energija
Erosão	Erozije
Fertilizante	Đubriva
Legumes	Povrće
Orgânico	Organski
Plantas	Biljke
Poluição	Zagađenja
Produção	Proizvodnja
Rural	Ruralnih
Sementes	Seme
Sistemas	Sistemi
Solo	Zemlja
Sustentável	Održiv

Antártica
Антарктика

Ambiente	Okruženju
Água	Voda
Baía	Bej
Científico	Naučne
Conservação	Očuvanje
Continente	Kontinent
Enseada	Kov
Expedição	Ekspedicije
Geleiras	Glečera
Gelo	Led
Geografia	Geografije
Ilhas	Ostrva
Investigador	Istraživač
Migração	Migracije
Minerais	Minerala
Península	Poluostrvo
Pinguins	Pingvini
Rochoso	Roki
Temperatura	Temperatura
Topografia	Topografije

Antiguidades
Antikviteti

Arte	Umetnost
Autêntico	Autentičan
Decorativo	Dekorativne
Elegante	Elegantan
Entusiasta	Entuzijast
Escultura	Skulpture
Estilo	Stil
Galeria	Galerija
Incomum	Neobično
Investimento	Investicija
Item	Predmet
Leilão	Aukciji
Mobiliário	Nameštaj
Moedas	Kovanice
Preço	Cena
Qualidade	Kvalitet
Restauração	Restauracija
Século	Vek
Valor	Vrednost
Velho	Stari

Aquecimento Global
Globalno Zagrevanje

Agora	Sada
Ambiental	Ekološka
Atenção	Pažnja
Ártico	Arktik
Cientista	Naučnik
Clima	Klima
Consequências	Posledice
Crise	Krize
Dados	Podataka
Desenvolvimento	Razvoj
Energia	Energija
Futuro	Budućnost
Gás	Gas
Gerações	Generacije
Governo	Vlada
Indústria	Industrija
Internacional	Međunarodni
Legislação	Zakona
Populações	Populacije
Temperaturas	Temperature

Arqueologia
Arheologija

Análise	Analiza
Anos	Godine
Antiguidade	Antike
Avaliação	Procena
Civilização	Civilizacije
Descendente	Potomak
Desconhecido	Nepoznat
Equipe	Tim
Era	Ere
Especialista	Ekspert
Esquecido	Zaboravio
Fóssil	Fosil
Investigador	Istraživač
Mistério	Misterija
Objetos	Objekte
Ossos	Kosti
Professor	Profesor
Relíquia	Relikvija
Templo	Hram
Túmulo	Grobnica

Arte
Umetnost

Cerâmica	Keramičke
Complexo	Kompleks
Composição	Sastav
Criar	Stvoriti
Escultura	Skulpture
Expressão	Izraz
Honesto	Iskren
Humor	Raspoloženje
Inspirado	Inspirisan
Original	Originalne
Pessoal	Lični
Pinturas	Slike
Poesia	Poezije
Retratar	Portret
Simples	Jednostavan
Símbolo	Simbol
Sujeito	Tema
Surrealismo	Nadrealizam
Visual	Vizuelni

Artes Visuais
Vizuelne Umetnosti

Argila	Gline
Arquitetura	Arhitektura
Artista	Umetnik
Caneta	Olovka
Carvão	Ugalj
Cavalete	Stalak
Cera	Vosak
Cerâmica	Keramike
Composição	Sastav
Criatividade	Kreativnost
Escultura	Skulpture
Estêncil	Šablon
Filme	Film
Fotografia	Fotografija
Giz	Krede
Obra-Prima	Remek-Delo
Perspectiva	Perspektive
Pintura	Slikarstvo
Retrato	Portret
Verniz	Lak

Astronomia
Astronomija

Asteróide	Asteroid
Astronauta	Astronauta
Astrônomo	Astronom
Céu	Nebo
Constelação	Sazvežđe
Cosmos	Kosmos
Eclipse	Pomračenje
Equinócio	Ravnodnevnica
Foguete	Raketa
Gravidade	Gravitacije
Lua	Mesec
Meteoro	Meteor
Nebulosa	Nebula
Observatório	Opservatorije
Planeta	Planete
Radiação	Zračenja
Solar	Solarne
Supernova	Supernova
Terra	Zemlje
Universo	Svemir

Atividades e Lazer
Aktivnosti i Slobodno Vr

Acampamento	Kampovanje
Arte	Umetnost
Basquete	Košarku
Beisebol	Bejzbol
Boxe	Boks
Caminhada	Planinarenje
Futebol	Fudbal
Golfe	Golf
Hobbies	Hobije
Jardinagem	Baštovanstvo
Mergulho	Ronjenje
Natação	Plivanje
Pesca	Ribolov
Pintura	Sliku
Relaxante	Opuštajuće
Surfe	Surfovanje
Tênis	Tenis
Viagem	Putovati
Voleibol	Odbojka

Aventura
Avantura

Alegria	Radost
Amigos	Prijatelji
Atividade	Aktivnost
Beleza	Lepota
Bravura	Hrabrost
Chance	Šansa
Desafios	Izazova
Destino	Odredište
Dificuldade	Teškoće
Entusiasmo	Entuzijazam
Excursão	Ekskurzije
Incomum	Neobično
Itinerário	Program
Natureza	Priroda
Navegação	Navigaciju
Novo	Nova
Perigoso	Opasan
Preparação	Priprema
Segurança	Sigurnost
Surpreendente	Iznenađujuće

Aviões
Avioni

Altitude	Visinu
Altura	Visina
Ar	Vazduh
Aterrissagem	Sletanja
Atmosfera	Atmosfera
Aventura	Avantura
Balão	Balon
Céu	Nebo
Combustível	Gorivo
Construção	Konstrukcija
Descida	Silazak
Direção	Pravcu
Hidrogênio	Vodonik
História	Istorija
Inflar	Naduvavaju
Motor	Motor
Passageiro	Putnik
Piloto	Pilot
Tripulação	Posade
Turbulência	Turbulencije

Álgebra
Algebra

Diagrama	Dijagram
Divisão	Odsek
Equação	Jednačina
Expoente	Eksponent
Falso	Lažne
Fator	Faktor
Fórmula	Formulu
Fração	Frakcija
Infinito	Beskrajna
Linear	Linearne
Matriz	Matrica
Número	Broj
Parêntese	Zagrada
Problema	Problem
Quantidade	Količina
Resolver	Reši
Solução	Rešenje
Subtração	Oduzimanje
Variável	Promenljiva
Zero	Nula

Balé
Balet

Aplauso	Aplauz
Artístico	Umetničke
Bailarina	Balerina
Compositor	Kompozitor
Coreografia	Koreografija
Dançarinos	Plesača
Ensaio	Probe
Estilo	Stil
Expressivo	Izražajan
Gesto	Gest
Gracioso	Graciozan
Habilidade	Veština
Intensidade	Intenzitet
Música	Muzika
Orquestra	Orkestar
Prática	Vežba
Público	Publike
Ritmo	Ritam
Solo	Solo
Técnica	Tehnika

Barcos
Brodovi

Âncora	Sidro
Balsa	Trajekt
Bóia	Bova
Caiaque	Kajak
Canoa	Kanu
Corda	Konopac
Doca	Dok
Iate	Jahte
Jangada	Splav
Lago	Jezero
Mar	More
Maré	Plime
Marinheiro	Mornar
Mastro	Jarbol
Motor	Motor
Náutico	Nautičkih
Oceano	Okean
Ondas	Talasa
Rio	Reke
Tripulação	Posade

Beleza
Lepota

Batom	Ruž
Cachos	Lokne
Charme	Šarm
Cor	Boja
Cosméticos	Kozmetika
Elegante	Elegantan
Elegância	Eleganciju
Espelho	Ogledalo
Estilista	Stilista
Fotogênico	Fotogeniиan
Fragrância	Miris
Graça	Grejs
Maquiagem	Šminka
Óleos	Ulja
Pele	Koža
Produtos	Proizvodi
Rímel	Maskara
Serviços	Usluge
Tesoura	Makaze
Xampu	Šampon

Biologia
Biologija

Anatomia	Anatomije
Bactérias	Bakterija
Célula	Ćeliju
Colagénio	Kolagena
Cromossoma	Hromozom
Embrião	Embrion
Enzima	Enzim
Evolução	Evolucije
Fotossíntese	Fotosinteza
Hormona	Hormon
Mamífero	Sisar
Mutação	Mutacije
Natural	Prirodno
Nervo	Nerva
Neurônio	Neuron
Osmose	Osmoze
Proteína	Proteina
Réptil	Reptil
Simbiose	Simbioze
Sinapse	Sinapse

Caminhada
Planinarenje

Acampamento	Kampovanje
Animais	Životinje
Água	Voda
Botas	Čizme
Cansado	Umoran
Clima	Klima
Guias	Vodiči
Mapa	Mapa
Montanha	Planine
Natureza	Priroda
Orientação	Položaj
Parques	Parkova
Pedras	Kamenje
Penhasco	Klif
Perigos	Opasnosti
Pesado	Teška
Preparação	Priprema
Selvagem	Divlja
Sol	Sunce
Tempo	Vreme

Casa
Kuća

Biblioteca	Biblioteke
Cerca	Ograde
Chaves	Tasteri
Chuveiro	Tuš
Cortinas	Zavese
Cozinha	Kuhinja
Espelho	Ogledalo
Garagem	Garaža
Janela	Prozor
Jardim	Bašta
Lareira	Kamin
Mobiliário	Nameštaj
Parede	Zid
Porta	Vrata
Quarto	Soba
Sótão	Tavanu
Tapete	Tepih
Teto	Plafon
Torneira	Slavina
Vassoura	Metla

Chocolate
Čokolada

Açúcar	Šećera
Amargo	Gorka
Amendoins	Kikiriki
Antioxidante	Antioksidans
Aroma	Arome
Artesanal	Zanatski
Cacau	Kakao
Calorias	Kalorija
Caramelo	Karamel
Coco	Kokos
Delicioso	Ukusno
Doce	Slatko
Exótico	Egzotične
Favorito	Omiljeni
Gosto	Ukus
Ingrediente	Sastojak
Pó	Prah
Qualidade	Kvalitet
Receita	Recept

Churrascos
Роштиљ

Almoço	Ručak
Convite	Poziv
Crianças	Deca
Facas	Noževi
Família	Porodica
Fome	Glad
Frango	Pile
Fruta	Voće
Grelha	Roštilj
Jantar	Večera
Jogos	Igre
Legumes	Povrće
Molho	Sos
Música	Muzika
Pimenta	Biber
Quente	Vruće
Sal	So
Saladas	Salate
Tomates	Paradajz
Verão	Leto

Cidade
Grad

Aeroporto	Aerodrom
Banco	Banke
Biblioteca	Biblioteke
Cinema	Bioskop
Escola	Škola
Estádio	Stadion
Farmácia	Apoteke
Florista	Cvećar
Galeria	Galerija
Hotel	Hotel
Jardim Zoológico	Zoo Vrt
Livraria	Knjižara
Mercado	Tržište
Museu	Muzej
Padaria	Pekara
Restaurante	Restoran
Salão	Salon
Supermercado	Supermarketa
Teatro	Pozorište
Universidade	Univerzitet

Ciência
Nauka

Átomo	Atom
Cientista	Naučnik
Clima	Klima
Dados	Podataka
Evolução	Evolucije
Fato	Stvari
Física	Fizike
Fóssil	Fosil
Gravidade	Gravitacije
Hipótese	Hipoteze
Laboratório	Laboratorija
Método	Metod
Minerais	Minerala
Moléculas	Molekula
Natureza	Priroda
Observação	Posmatranje
Organismo	Organizma
Partículas	Čestice
Plantas	Biljke
Químico	Hemijske

Clima
Vreme

Arco-Íris	Duga
Atmosfera	Atmosfera
Brisa	Povetarac
Céu	Nebo
Clima	Klima
Furacão	Uragan
Gelo	Led
Monção	Monsun
Nevoeiro	Magla
Nuvem	Oblak
Polar	Polarni
Relâmpago	Munje
Seca	Suše
Seco	Suva
Temperatura	Temperatura
Tempestade	Oluja
Tornado	Tornado
Tropical	Tropske
Trovão	Grmljavina
Vento	Vetar

Comida # 2
Храна # 2

Alcachofra	Artičoke
Amêndoa	Badem
Arroz	Pirinač
Banana	Banane
Beringela	Patlidžan
Brócolis	Brokoli
Cereja	Višnje
Chocolate	Čokolada
Cogumelo	Gljiva
Frango	Pile
Iogurte	Jogurt
Kiwi	Kivi
Maçã	Jabuka
Ovo	Jaje
Peixe	Ribe
Presunto	Šunka
Queijo	Sir
Tomate	Paradajz
Trigo	Pšenice
Uva	Grožđa

Comida #1
Храна Бр.

Açúcar	Šećera
Alho	Beli Luk
Amendoim	Kikiriki
Atum	Tuna
Bolo	Torta
Canela	Cimet
Cebola	Luk
Cenoura	Šargarepa
Cevada	Ječam
Damasco	Kajsije
Espinafre	Spanać
Leite	Mleka
Limão	Limun
Manjericão	Bosiljak
Morango	Jagoda
Nabo	Repa
Sal	So
Salada	Salata
Sopa	Supa
Suco	Sok

Corpo Humano
Ljudsko Telo

Boca	Usta
Cabeça	Glava
Cérebro	Mozak
Coração	Srce
Cotovelo	Lakat
Dedo	Prst
Joelho	Koleno
Mandíbula	Vilice
Mão	Ruka
Nariz	Nos
Olho	Oko
Ombro	Rame
Orelha	Uvo
Pele	Koža
Perna	Nogu
Pescoço	Vrat
Queixo	Brada
Sangue	Krv
Testa	Čelo
Tornozelo	Skočni Zglob

Criatividade
Kreativnost

Artístico	Umetničke
Autenticidade	Autentičnost
Clareza	Jasnoće
Dramático	Dramatičan
Emoções	Emocija
Espontânea	Spontani
Expressão	Izraz
Habilidade	Veština
Imagem	Slika
Imaginação	Mašte
Impressão	Utisak
Inspiração	Inspiracija
Intensidade	Intenzitet
Intuição	Intuiciju
Inventivo	Inventivni
Sensação	Senzacija
Sentimentos	Osećanja
Visões	Vizije
Vitalidade	Vitalnost

Dança
Dance

Academia	Akademije
Alegre	Radosno
Arte	Umetnost
Clássico	Klasične
Coreografia	Koreografija
Corpo	Telo
Cultura	Kultura
Cultural	Kulturni
Emoção	Emocija
Ensaio	Probe
Expressivo	Izražajan
Graça	Grejs
Movimento	Pokret
Música	Muzika
Parceiro	Partner
Postura	Stav
Ritmo	Ritam
Tradicional	Tradicionalni
Visual	Vizuelni

Dias e Meses
Dani i Meseci

Abril	April
Agosto	Avgust
Ano	Godina
Calendário	Kalendar
Dezembro	Decembar
Domingo	Subota
Fevereiro	Februar
Janeiro	Januar
Julho	Jul
Junho	Jun
Mês	Meseca
Novembro	Novembar
Outubro	Oktobar
Quarta-Feira	Sreda
Quinta-Feira	Četvrtak
Segunda-Feira	Ponedeljak
Semana	Nedelja
Setembro	Septembar
Sexta-Feira	Petak
Terça	Utorak

Diplomacia
Diplomatija

Cidadãos	Građana
Comunidade	Zajednica
Conflito	Sukoba
Consultor	Savetnik
Cooperação	Saradnja
Diplomático	Diplomatske
Discussão	Diskusije
Embaixada	Ambasade
Embaixador	Ambasador
Ética	Etike
Governo	Vlada
Humanitário	Humanitarne
Integridade	Integritet
Justiça	Pravda
Línguas	Jezika
Política	Politike
Resolução	Rezolucija
Segurança	Sigurnost
Solução	Rešenje
Tratado	Ugovora

Dirigindo
Vožnja

Acidente	Nesreća
Caminhão	Kamion
Carro	Kola
Combustível	Gorivo
Cuidado	Oprez
Estrada	Put
Freios	Kočnice
Garagem	Garaža
Gás	Gas
Licença	Licencu
Mapa	Mapa
Motocicleta	Motor
Pedestre	Pešak
Perigo	Opasnost
Polícia	Policija
Rua	Ulici
Segurança	Sigurnost
Transporte	Prevoz
Tráfego	Saobraćaja
Túnel	Tunel

Disciplinas Científicas
Naučne Discipline

Anatomia	Anatomije
Arqueologia	Arheologije
Astronomia	Astronomije
Biologia	Biologije
Bioquímica	Biohemije
Botânica	Botanike
Cinesiologia	Kineziologije
Ecologia	Ekologije
Fisiologia	Fiziologije
Geologia	Geologije
Imunologia	Imunologije
Linguística	Lingvistike
Meteorologia	Meteorologije
Mineralogia	Mineralogija
Neurologia	Neurologije
Psicologia	Psihologije
Química	Hemije
Sociologia	Sociologije
Termodinâmica	Termodinamike
Zoologia	Zoologije

Doença
Bolest

Abdominal	Trbušnjaci
Alergias	Alergije
Contagioso	Zarazne
Coração	Srce
Corpo	Telo
Crônica	Hronične
Fraco	Slab
Genético	Genetske
Hereditário	Nasledne
Imunidade	Imunitet
Inflamação	Upalu
Lombar	Lumbalne
Neuropatia	Neuropatija
Ossos	Kosti
Patógenos	Patogena
Pulmonar	Plućne
Respiratório	Respiratorna
Saúde	Zdravlje
Síndrome	Sindrom
Terapia	Terapija

Ecologia
Ekologija

Clima	Klima
Comunidades	Zajednice
Diversidade	Raznolikost
Fauna	Faune
Flora	Flore
Global	Globalno
Habitat	Stanište
Marinho	Morskih
Montanhas	Planine
Natural	Prirodno
Natureza	Priroda
Pântano	Močvara
Plantas	Biljke
Recursos	Resurse
Seca	Suše
Sobrevivência	Opstanak
Sustentável	Održiv
Variedade	Različite
Vegetação	Vegetacije
Voluntários	Volontera

Edifícios
Zgrade

Apartamento	Stan
Castelo	Zamak
Celeiro	Ambar
Cinema	Bioskop
Embaixada	Ambasade
Escola	Škola
Estádio	Stadion
Fazenda	Farmi
Fábrica	Fabrike
Garagem	Garaža
Hospital	Bolnica
Hotel	Hotel
Laboratório	Laboratorija
Museu	Muzej
Observatório	Opservatorije
Supermercado	Supermarketa
Teatro	Pozorište
Tenda	Šator
Torre	Kula
Universidade	Univerzitet

Energia
Energija

Ambiente	Okruženju
Bateria	Baterije
Calor	Toplote
Carbono	Ugljenik
Combustível	Gorivo
Diesel	Dizel
Elétrico	Električni
Elétron	Elektron
Entropia	Entropije
Fóton	Foton
Gasolina	Benzin
Hidrogênio	Vodonik
Indústria	Industrija
Motor	Motor
Nuclear	Nuklearne
Poluição	Zagađenja
Renovável	Obnovljive
Sol	Sunce
Turbina	Turbinu
Vento	Vetar

Engenharia
Инжењерска Уметност

Atrito	Trenja
Ângulo	Ugao
Cálculo	Obračun
Construção	Konstrukcija
Diagrama	Dijagram
Diâmetro	Prečnik
Diesel	Dizel
Dimensões	Dimenzije
Distribuição	Distribucija
Eixo	Ose
Energia	Energija
Estabilidade	Stabilnost
Estrutura	Struktura
Força	Snage
Líquido	Tečnog
Máquina	Mašina
Medição	Merenje
Motor	Motor
Profundidade	Dubina
Propulsão	Pogon

Especiarias
Začini

Açafrão	Šafran
Alcaçuz	Sladiće
Alho	Beli Luk
Amargo	Gorka
Anis	Anisa
Azedo	Kiselo
Baunilha	Vanile
Canela	Cimet
Cardamomo	Kardamom
Caril	Kari
Cebola	Luk
Coentro	Korijander
Cominho	Kumin
Cravo	Karanfilić
Doce	Slatko
Funcho	Komorač
Gengibre	Đumbir
Pimenta	Biber
Sabor	Ukus
Sal	So

Ética
Etika

Altruísmo	Altruizma
Bondade	Ljubaznost
Compaixão	Saosećanje
Cooperação	Saradnja
Dignidade	Dostojanstvo
Diplomático	Diplomatske
Filosofia	Filozofije
Honestidade	Iskrenost
Humanidade	Čovečanstvo
Integridade	Integritet
Otimismo	Optimizam
Paciência	Strpljenja
Racionalidade	Racionalnost
Razoável	Razumno
Realismo	Realizma
Respeitoso	Poštovanja
Sabedoria	Mudrost
Tolerância	Tolerancije
Valores	Vrednosti

Família
Porodica

Antepassado	Predak
Avó	Baka
Criança	Dete
Crianças	Deca
Esposa	Supruga
Filha	Ćerka
Infância	Detinjstva
Irmã	Sestra
Irmão	Brat
Marido	Muž
Materno	Majčinske
Mãe	Majka
Neto	Unuk
Pai	Otac
Paterno	Očinske
Primo	Rođak
Sobrinha	Nećakinja
Sobrinho	Nećak
Tia	Tetka
Tio	Ujak

Fazenda #1
Фарма Бр.

Abelha	Pčela
Agricultura	Poljoprivrede
Arroz	Pirinač
Água	Voda
Bezerro	Tele
Burro	Magarac
Cabra	Koza
Campo	Polje
Cavalo	Konj
Cão	Pas
Cerca	Ograde
Corvo	Vrana
Feno	Seno
Fertilizante	Đubriva
Frango	Pile
Gato	Mačka
Mel	Med
Porco	Svinja
Rebanho	Jato
Vaca	Krava

Fazenda #2
Фарма # 2

Agricultor	Farmer
Animais	Životinje
Celeiro	Ambar
Cevada	Ječam
Colmeia	Košnica
Cordeiro	Jagnje
Fruta	Voće
Irrigação	Navodnjavanje
Leite	Mleka
Lhama	Lame
Maduro	Zrele
Milho	Kukuruz
Ovelha	Ovce
Pastor	Pastir
Pato	Patka
Pomar	Voćnjak
Prado	Livada
Trator	Traktor
Trigo	Pšenice
Vegetal	Povrća

Férias #2
Одмор # 2

Aeroporto	Aerodrom
Destino	Odredište
Estrangeiro	Stranac
Feriado	Odmor
Fotos	Fotografije
Hotel	Hotel
Ilha	Ostrvo
Lazer	Slobodno
Mapa	Mapa
Mar	More
Montanhas	Planine
Passaporte	Pasoš
Praia	Plaža
Reservas	Rezervacije
Restaurante	Restoran
Táxi	Taksi
Tenda	Šator
Transporte	Prevoz
Viagem	Putovanje
Visto	Viza

Ficção Científica
Naučna Fantastika

Atómico	Atomske
Cinema	Bioskop
Distante	Dalekoj
Distopia	Distopija
Explosão	Eksplozije
Extremo	Ekstremne
Fantástico	Fantastičan
Fogo	Požar
Futurista	Futuristički
Galáxia	Galaksija
Ilusão	Iluzije
Imaginário	Imaginarne
Livros	Knjige
Misterioso	Tajanstven
Mundo	Svet
Oráculo	Proročište
Planeta	Planete
Robôs	Robota
Tecnologia	Tehnologija
Utopia	Utopije

Filantropia
Добротворна Организација

Caridade	Milostinju
Comunidade	Zajednica
Contatos	Kontakti
Crianças	Deca
Desafios	Izazova
Finança	Finansija
Fundos	Sredstva
Generosidade	Velikodušnost
Global	Globalno
Grupos	Grupe
História	Istorija
Honestidade	Iskrenost
Humanidade	Čovečanstvo
Juventude	Mladost
Missão	Misija
Necessidade	Treba
Objetivos	Ciljeve
Pessoas	Ljudi
Programas	Programi
Público	Javni

Física
Fizika

Aceleração	Ubrzanje
Átomo	Atom
Caos	Haos
Densidade	Gustine
Elétron	Elektron
Fórmula	Formulu
Frequência	Frekvencija
Gás	Gas
Gravidade	Gravitacije
Magnetismo	Magnetizam
Massa	Mase
Mecânica	Mehanike
Molécula	Molekul
Motor	Motor
Nuclear	Nuklearne
Partícula	Čestica
Químico	Hemijske
Relatividade	Relativnost
Universal	Univerzalna
Velocidade	Brzine

Flores
Cveće

Buquê	Buket
Dente-De-Leão	Maslačak
Gardênia	Gardenija
Girassol	Suncokret
Hibisco	Hibiskus
Jasmim	Jasmin
Lavanda	Lavande
Lilás	Jorgovan
Lírio	Lili
Magnólia	Magnolije
Margarida	Dejzi
Orquídea	Orhideja
Papoula	Maka
Peônia	Božur
Pétala	Latica
Plumeria	Plumerija
Rosa	Ruža
Trevo	Detelina
Tulipa	Lala

Floresta Tropical
Rainforest

Anfíbios	Vodozemci
Botânico	Botanički
Clima	Klima
Comunidade	Zajednica
Diversidade	Raznolikost
Espécies	Vrste
Indígena	Autohtonih
Insetos	Insekti
Mamíferos	Sisara
Musgo	Mahovina
Natureza	Priroda
Nuvens	Oblaci
Pássaros	Ptice
Preservação	Očuvanje
Refúgio	Utočište
Respeito	Poštovati
Restauração	Restauracija
Selva	Džungli
Sobrevivência	Opstanak
Valioso	Vredne

Força e Gravidade
Sila i Gravitacija

Atrito	Trenja
Centro	Centar
Descoberta	Otkriće
Dinâmico	Dinamičan
Distância	Udaljenost
Eixo	Ose
Expansão	Ekspanzija
Física	Fizike
Impacto	Uticaj
Magnetismo	Magnetizam
Mecânica	Mehanike
Movimento	Pokretu
Órbita	Orbitu
Peso	Težina
Planetas	Planete
Pressão	Pritisak
Propriedades	Svojstva
Rapidez	Brzina
Tempo	Vreme
Universal	Univerzalna

Frutas
Voće

Abacate	Avokado
Abacaxi	Ananas
Amora	Kupina
Baga	Berri
Banana	Banane
Cereja	Višnje
Coco	Kokos
Damasco	Kajsije
Figo	Fig
Framboesa	Maline
Kiwi	Kivi
Laranja	Pomorandža
Limão	Limun
Maçã	Jabuka
Mamão	Papaja
Manga	Mango
Nectarina	Nektarina
Pera	Kruške
Pêssego	Breskve
Uva	Grožđa

Geografia
Geografija

Altitude	Visinu
Atlas	Atlas
Cidade	Grad
Continente	Kontinent
Equador	Ekvator
Hemisfério	Hemisfere
Ilha	Ostrvo
Mapa	Mapa
Mar	More
Meridiano	Meridijan
Montanha	Planine
Mundo	Svet
Norte	Sever
Oceano	Okean
Oeste	Zapad
País	Zemlju
Região	Regiona
Rio	Reke
Sul	Jug
Território	Teritorije

Geologia
Geologija

Ácido	Kiseline
Camada	Sloj
Caverna	Kaverna
Cálcio	Kalcijum
Continente	Kontinent
Coral	Koral
Cristais	Kristala
Erosão	Erozije
Estalactite	Stalaktit
Estalagmites	Stalagmita
Fóssil	Fosil
Lava	Lava
Minerais	Minerala
Pedra	Kamen
Platô	Plato
Quartzo	Kvarc
Sal	So
Terremoto	Zemljotres
Vulcão	Vulkan
Zona	Zoni

Geometria
Geometrija

Altura	Visina
Ângulo	Ugao
Cálculo	Obračun
Círculo	Krug
Curva	Krive
Diâmetro	Prečnik
Dimensão	Dimenziju
Equação	Jednačina
Horizontal	Horizontalne
Lógica	Logike
Massa	Mase
Mediana	Medijana
Paralelo	Paralelni
Proporção	Procenat
Segmento	Segment
Simetria	Simetrija
Superfície	Površina
Teoria	Teorije
Triângulo	Trougao
Vertical	Vertikalne

Governo
Vlade

Cidadania	Državljanstva
Civil	Civilni
Constituição	Ustav
Democracia	Demokratije
Discurso	Govor
Discussão	Diskusije
Distrito	Okrug
Estado	Države
Igualdade	Jednakost
Independência	Nezavisnost
Judicial	Sudske
Justiça	Pravda
Lei	Zakon
Liberdade	Slobode
Líder	Lider
Monumento	Spomenik
Nacional	Nacionalna
Nação	Nacije
Política	Politike
Símbolo	Simbol

Herbalismo
Herbalizam

Açafrão	Šafran
Alecrim	Ruzmarin
Alho	Beli Luk
Aromático	Aromatično
Benéfico	Koristan
Coentro	Korijander
Estragão	Estragon
Flor	Cvet
Funcho	Komorač
Ingrediente	Sastojak
Jardim	Bašta
Lavanda	Lavande
Manjericão	Bosiljak
Manjerona	Majoran
Orégano	Origano
Planta	Biljka
Qualidade	Kvalitet
Sabor	Ukus
Salsa	Peršun
Verde	Zelen

Imigração
Imigracija

Adultos	Odrasli
Ajuda	Pomoć
Aprovação	Odobrenje
Comunicação	Komunikacija
Crianças	Deca
Documentos	Dokumenti
Estresse	Stres
Financiamento	Finansiranje
Fronteiras	Ivice
Habitação	Stambeni
Lei	Zakon
Língua	Jezik
Negociação	Pregovaranja
Oficial	Oficir
Prazo	Rok
Processo	Proces
Proteção	Zaštita
Situação	Situacija
Solução	Rešenje

Instrumentos Musicais
Muzički Instrumenti

Bandolim	Mandolina
Banjo	Bendžo
Baquetas	Batak
Clarinete	Klarinet
Fagote	Fagot
Flauta	Flauta
Gaita	Harmonika
Gongo	Gong
Harpa	Harfe
Oboé	Obou
Pandeiro	Tamburaša
Percussão	Udaraljke
Piano	Klavir
Saxofone	Saksofon
Tambor	Bubanj
Trombone	Trombon
Trompete	Truba
Violão	Gitara
Violino	Violinu
Violoncelo	Violončelo

Jardim
Гарден

Ancinho	Grablje
Arbusto	Grm
Árvore	Drvo
Banco	Klupa
Cerca	Ograde
Flor	Cvet
Garagem	Garaža
Grama	Trava
Gramado	Travnjak
Jardim	Bašta
Lagoa	Jezeru
Maca	Viseća
Mangueira	Crevo
Pá	Lopata
Pomar	Voćnjak
Solo	Zemlja
Terraço	Terasa
Trampolim	Trampolin
Varanda	Trem
Videira	Vajn

Jardinagem
Baštovanstvo

Água	Voda
Botânico	Botanički
Buquê	Buket
Clima	Klima
Comestível	Jestivo
Composto	Kompost
Espécies	Vrste
Exótico	Egzotične
Flor	Cvet
Floral	Cvetni
Folha	List
Folhagem	Lišće
Mangueira	Crevo
Pomar	Voćnjak
Recipiente	Kontejner
Sazonal	Sezonski
Sementes	Seme
Solo	Zemlja
Sujeira	Prljavštine
Umidade	Vlage

Jazz
Džez

Artista	Umetnik
Álbum	Album
Bateria	Bubnjevi
Canção	Pesma
Composição	Sastav
Compositor	Kompozitor
Concerto	Koncert
Estilo	Stil
Ênfase	Naglasak
Famoso	Poznat
Favoritos	Favorita
Gênero	Žanr
Improvisação	Improvizacije
Música	Muzika
Novo	Nova
Orquestra	Orkestar
Ritmo	Ritam
Talento	Talenat
Técnica	Tehnika
Velho	Stari

Literatura
Književnost

Analogia	Analogija
Análise	Analiza
Anedota	Anegdota
Autor	Autor
Biografia	Biografija
Comparação	Poređenje
Conclusão	Zaključak
Descrição	Opis
Diálogo	Dijalog
Estilo	Stil
Ficção	Fikcija
Metáfora	Metafora
Narrador	Narator
Opinião	Mišljenje
Poema	Pesma
Rima	Rime
Ritmo	Ritam
Romance	Roman
Tema	Tema
Tragédia	Tragedije

Livros
Knjige

Autor	Autor
Aventura	Avantura
Coleção	Kolekcija
Contexto	Kontekst
Dualidade	Dvojnost
Escrito	Napisan
Épico	Epske
História	Priča
Histórico	Istorijski
Inventivo	Inventivni
Leitor	Čitač
Literário	Književne
Narrador	Narator
Página	Strana
Poema	Pesma
Poesia	Poezije
Relevante	Relevantno
Romance	Roman
Série	Serija
Trágico	Tragične

Mamíferos
Sisari

Baleia	Kit
Camelo	Kamile
Canguru	Kengur
Castor	Dabar
Cavalo	Konj
Cão	Pas
Coelho	Zec
Coiote	Kojota
Elefante	Slon
Gato	Mačka
Girafa	Žirafa
Golfinho	Delfin
Gorila	Gorila
Leão	Lav
Lobo	Vuk
Macaco	Majmun
Ovelha	Ovce
Raposa	Lisica
Touro	Bik
Zebra	Zebra

Matemática
Matematike

Aritmética	Aritmetika
Ângulos	Uglova
Circunferência	Obim
Decimal	Decimalne
Diâmetro	Prečnik
Equação	Jednačina
Expoente	Eksponent
Fração	Frakcija
Geometria	Geometrije
Paralelo	Paralelni
Paralelogramo	Paralelogram
Perímetro	Perimetar
Perpendicular	Upravno
Polígono	Poligona
Quadrado	Kvadrat
Raio	Radijus
Retângulo	Pravougaonik
Simetria	Simetrija
Triângulo	Trougao
Volume	Volumen

Material de Arte
Umetnički Pribor

Acrílico	Akril
Apagador	Gumica
Aquarelas	Akvareli
Argila	Klej
Água	Voda
Cadeira	Stolica
Carvão	Ugalj
Cavalete	Stalak
Câmera	Kamera
Cola	Lepak
Cores	Boje
Criatividade	Kreativnost
Escovas	Četke
Lápis	Olovke
Mesa	Sto
Óleo	Ulje
Papel	Papir
Pastels	Pastela
Tinta	Mastilo

Medições
Меасурементс

Altura	Visina
Byte	Bajt
Centímetro	Centimetar
Comprimento	Dužina
Decimal	Decimalne
Grama	Gram
Grau	Stepen
Largura	Širina
Litro	Litar
Massa	Mase
Metro	Metar
Minuto	Minut
Onça	Unca
Peso	Težina
Polegada	Inča
Profundidade	Dubina
Quilograma	Kilogram
Quilômetro	Kilometar
Tonelada	Tona
Volume	Volumen

Meditação
Meditacija

Aceitação	Prihvatanje
Acordado	Budan
Atenção	Pažnja
Bondade	Ljubaznost
Clareza	Jasnoće
Compaixão	Saosećanje
Emoções	Emocija
Ensinamentos	Učenja
Gratidão	Zahvalnost
Mental	Mentalne
Mente	Um
Movimento	Pokret
Música	Muzika
Natureza	Priroda
Observação	Posmatranje
Paz	Mir
Pensamentos	Misli
Perspectiva	Perspektive
Postura	Stav
Silêncio	Tišina

Mitologia
Mitologija

Arquétipo	Arhetip
Ciúmes	Ljubomore
Comportamento	Ponašanje
Criação	Stvaranje
Criatura	Stvorenje
Cultura	Kultura
Desastre	Katastrofe
Força	Snage
Guerreiro	Ratnik
Heroína	Heroina
Herói	Heroj
Imortalidade	Besmrtnost
Labirinto	Lavirint
Lenda	Legenda
Mágico	Magične
Monstro	Čudovište
Mortal	Smrtni
Relâmpago	Munje
Trovão	Grmljavina
Vingança	Osveta

Moda
Moda

Acessível	Povoljnim
Bordado	Vez
Botões	Dugmad
Boutique	Butik
Caro	Skupo
Confortável	Udoban
Elegante	Elegantan
Estilo	Stil
Medidas	Mere
Minimalista	Minimalista
Moderno	Moderan
Modesto	Skroman
Original	Originalne
Prático	Praktične
Renda	Čipke
Roupa	Odeću
Simples	Jednostavan
Tecido	Tkanina
Tendência	Trend
Textura	Teksture

Música
Muzika

Álbum	Album
Balada	Balada
Cantar	Pevam
Cantor	Pevačica
Clássico	Klasične
Coro	Hor
Gravação	Snimanje
Harmonia	Harmonije
Improvisar	Improvizujem
Instrumento	Instrument
Lírico	Lirski
Melodia	Melodi
Microfone	Mikrofon
Musical	Muzičke
Músico	Muzičar
Ópera	Opere
Poético	Pesničke
Ritmo	Ritam
Tempo	Tempo
Vocal	Vokal

Natureza
Priroda

Abelhas	Pčele
Abrigo	Sklonište
Animais	Životinje
Ártico	Arktik
Beleza	Lepota
Deserto	Pustinji
Dinâmico	Dinamičan
Erosão	Erozije
Floresta	Šuma
Folhagem	Lišće
Geleira	Glečer
Nevoeiro	Magla
Nuvens	Oblaci
Pacífico	Mirno
Rio	Reke
Santuário	Svetilište
Selvagem	Divlja
Sereno	Spokojan
Tropical	Tropske
Vital	Vitalni

Negócios
Biznis

Carreira	Karijera
Custo	Troška
Desconto	Popust
Dinheiro	Novac
Economia	Ekonomije
Empregado	Zaposlenog
Empregador	Poslodavca
Empresa	Kompanija
Escritório	Kancelarije
Fábrica	Fabrike
Finança	Finansija
Impostos	Porez
Investimento	Investicija
Loja	Radnju
Lucro	Dobit
Mercadoria	Robe
Moeda	Valute
Orçamento	Budžet
Rendimento	Prihod
Venda	Prodaja

Nutrição
Ishrana

Amargo	Gorka
Apetite	Apetit
Calorias	Kalorija
Comestível	Jestivo
Dieta	Dijeta
Digestão	Varenje
Equilibrado	Uravnotežen
Fermentação	Fermentacije
Ingredientes	Sastojci
Líquidos	Tečnosti
Molho	Sos
Peso	Težina
Porção	Deo
Proteínas	Proteina
Qualidade	Kvalitet
Sabor	Ukus
Saudável	Zdrav
Saúde	Zdravlje
Toxina	Otrov
Vitamina	Vitamin

Números
Brojevi

Cinco	Pet
Decimal	Decimalne
Dez	Deset
Dezesseis	Šesnaest
Dezessete	Sedamnaest
Dezoito	Osamnaest
Dois	Dva
Doze	Dvanaest
Nove	Devet
Oito	Osam
Quatorze	Četrnaest
Quatro	Četiri
Quinze	Petnaest
Seis	Šest
Sete	Sedam
Treze	Trinaest
Três	Tri
Um	Jedan
Vinte	Dvadeset
Zero	Nula

Oceano
Okeana

Alga	Alge
Atum	Tuna
Baleia	Kit
Barco	Čamac
Camarão	Škampi
Caranguejo	Kraba
Coral	Koral
Enguia	Jegulja
Esponja	Sunđer
Golfinho	Delfin
Marés	Plime
Medusa	Meduza
Ostra	Ostriga
Peixe	Ribe
Polvo	Hobotnice
Recife	Greben
Sal	So
Tartaruga	Kornjača
Tempestade	Oluja
Tubarão	Ajkula

Paisagens
Pejzaži

Cascata	Vodopad
Caverna	Pećine
Colina	Brdo
Deserto	Pustinji
Geleira	Glečer
Golfo	Zaliv
Iceberg	Ledenog Brega
Ilha	Ostrvo
Lago	Jezero
Mar	More
Montanha	Planine
Oásis	Oaze
Oceano	Okean
Pântano	Močvara
Península	Poluostrvo
Praia	Plaža
Rio	Reke
Tundra	Tundre
Vale	Dolini
Vulcão	Vulkan

Países #1
Zemlje #1

Alemanha	Nemačka
Brasil	Brazil
Camboja	Kambodže
Canadá	Kanada
Egito	Egipat
Equador	Ekvador
Espanha	Španija
Finlândia	Finska
Iraque	Irak
Israel	Izrael
Itália	Italija
Índia	Indija
Mali	Mali
Marrocos	Maroko
Nicarágua	Nikaragva
Noruega	Norveška
Panamá	Panama
Polônia	Poljska
Senegal	Senegal
Venezuela	Venecuela

Países #2
Zemlje #2

Albânia	Albanija
Dinamarca	Danska
França	Francuske
Grécia	Grčke
Haiti	Haiti
Indonésia	Indonezija
Irlanda	Irska
Jamaica	Jamajka
Japão	Japan
Laos	Laos
Líbano	Liban
México	Meksiko
Nepal	Nepal
Nigéria	Nigerija
Paquistão	Pakistan
Rússia	Rusija
Síria	Sirije
Somália	Somalije
Ucrânia	Ukrajina
Uganda	Ugandi

Pássaros
Ptice

Avestruz	Noja
Águia	Orao
Cegonha	Roda
Cisne	Labud
Corvo	Vrana
Cuco	Kukavica
Flamingo	Flamingo
Frango	Pile
Gaivota	Galeb
Ganso	Guska
Garça	Heron
Ovo	Jaje
Papagaio	Papagaj
Pardal	Vrapca
Pato	Patka
Pavão	Paun
Pelicano	Pelikan
Pinguim	Pingvin
Pombo	Golub
Tucano	Tukan

Pesca
Ribolov

Água	Voda
Barbatanas	Peraja
Barco	Čamac
Brânquias	Škrge
Cesta	Korpi
Cozinhar	Kuvar
Equipamento	Oprema
Exagero	Preterivanja
Fio	Žice
Gancho	Kuka
Isca	Mamac
Lago	Jezero
Mandíbula	Vilice
Oceano	Okean
Paciência	Strpljenja
Peso	Težina
Praia	Plaža
Rio	Reke
Temporada	Sezona

Plantas
Biljke

Arbusto	Grm
Árvore	Drvo
Baga	Berri
Bambu	Bambus
Botânica	Botanike
Cacto	Kaktus
Erva	Herb
Feijão	Pasulj
Fertilizante	Đubriva
Flor	Cvet
Flora	Flore
Floresta	Šuma
Folhagem	Lišće
Grama	Trava
Hera	Bršljan
Jardim	Bašta
Musgo	Mahovina
Pétala	Latica
Raiz	Koren
Vegetação	Vegetacije

Profissões #1
Професије Бр.

Advogado	Advokat
Alfaiate	Krojač
Artista	Umetnik
Astrônomo	Astronom
Banqueiro	Bankar
Bombeiro	Vatrogasac
Caçador	Lovac
Cartógrafo	Kartograf
Cientista	Naučnik
Dançarino	Plesačica
Editor	Urednik
Embaixador	Ambasador
Enfermeira	Sestra
Geólogo	Geolog
Joalheiro	Zlatar
Marinheiro	Mornar
Músico	Muzičar
Pianista	Pijanista
Psicólogo	Psiholog
Veterinário	Veterinar

Profissões #2
Професије Бр.

Agricultor	Farmer
Astronauta	Astronauta
Bibliotecário	Bibliotekar
Biólogo	Biolog
Cirurgião	Hirurg
Dentista	Zubar
Engenheiro	Inženjer
Filósofo	Filozof
Fotógrafo	Fotograf
Ilustrador	Ilustrator
Inventor	Pronalazač
Investigador	Istraživač
Jardineiro	Baštovan
Jornalista	Novinar
Linguista	Lingvista
Médico	Lekar
Piloto	Pilot
Pintor	Slikar
Professor	Učitelj
Zoólogo	Zoolog

Psicologia
Psihologija

Avaliação	Procena
Clínico	Kliničke
Comportamento	Ponašanje
Compromisso	Sastanak
Conflito	Sukoba
Ego	Ego
Emoções	Emocija
Experiências	Iskustva
Inconsciente	Nesvesno
Infância	Detinjstva
Influências	Uticaja
Pensamentos	Misli
Percepção	Percepcije
Personalidade	Ličnosti
Problema	Problem
Realidade	Realnost
Sensação	Senzacija
Sonhos	Snove
Subconsciente	Podsvest
Terapia	Terapija

Química
Hemija

Alcalino	Alkalne
Ácido	Kiseline
Calor	Toplote
Carbono	Ugljenik
Catalisador	Katalizator
Cloro	Hlor
Elementos	Elementi
Elétron	Elektron
Enzima	Enzim
Gás	Gas
Hidrogênio	Vodonik
Íon	Jon
Líquido	Tečnog
Molécula	Molekul
Nuclear	Nuklearne
Orgânico	Organski
Oxigénio	Kiseonik
Peso	Težina
Sal	So
Temperatura	Temperatura

Restaurante # 2
Ресторан № 2

Almoço	Ručak
Água	Voda
Bebida	Napitak
Bolo	Torta
Cadeira	Stolica
Colher	Kašika
Delicioso	Ukusno
Especiarias	Začini
Fruta	Voće
Garçom	Kelner
Garfo	Viljuška
Gelo	Led
Jantar	Večera
Legumes	Povrće
Macarrão	Rezanci
Ovo	Jaja
Peixe	Ribe
Sal	So
Salada	Salata
Sopa	Supa

Roupas
Odeća

Avental	Kecelja
Blusa	Bluza
Calça	Pantalone
Camisa	Košulja
Casaco	Kaput
Chapéu	Šešir
Cinto	Pojas
Colar	Ogrlica
Jaqueta	Jaknu
Jeans	Farmerke
Luvas	Rukavice
Meias	Čarape
Moda	Moda
Pijama	Pidžame
Pulseira	Narukvica
Saia	Suknja
Sandálias	Sandale
Sapato	Cipela
Suéter	Džemper
Vestido	Haljina

Saúde e Bem-Estar #1
Zdravlje i Vellness #1

Altura	Visina
Ativo	Aktivan
Bactérias	Bakterija
Clínica	Klinici
Doutor	Lekar
Farmácia	Apoteke
Fome	Glad
Fratura	Prelom
Hábito	Navika
Hormones	Hormona
Medicina	Lek
Nervos	Živaca
Ossos	Kosti
Pele	Koža
Postura	Stav
Reflexo	Refleks
Relaxamento	Relaksacija
Terapia	Terapija
Tratamento	Tretman
Vírus	Virus

Saúde e Bem-Estar #2
Zdravlje i Vellness #2

Alergia	Alergije
Anatomia	Anatomije
Apetite	Apetit
Caloria	Kalorija
Corpo	Telo
Dieta	Dijeta
Digestão	Varenje
Doença	Bolest
Energia	Energija
Genética	Genetike
Higiene	Higijene
Hospital	Bolnica
Humor	Raspoloženje
Infecção	Infekcije
Massagem	Masaža
Peso	Težina
Recuperação	Oporavak
Sangue	Krv
Saudável	Zdrav
Vitamina	Vitamin

Tempo
Vreme

Agora	Sada
Ano	Godina
Antes	Pre
Anual	Godišnje
Calendário	Kalendar
Década	Decenije
Dia	Dan
Futuro	Budućnost
Hoje	Danas
Hora	Sat
Manhã	Jutro
Meio-Dia	Podne
Mês	Meseca
Minuto	Minut
Momento	Trenutak
Noite	Noć
Ontem	Juče
Passado	Prošlost
Semana	Nedelja
Século	Vek

Tipos de Cabelo
Tipovi Kose

Branco	Beo
Brilhante	Sjajna
Cachos	Lokne
Careca	Ćelav
Cinza	Siva
Colori	Obojene
Encaracolado	Kovrdžava
Fino	Tanak
Grosso	Debeo
Loiro	Plava
Longo	Dugo
Marrom	Braon
Ondulado	Talasasta
Prata	Srebro
Preto	Crna
Saudável	Zdrav
Seco	Suva
Suave	Meka
Trançado	Pleteni
Tranças	Pletenice

Universo
Univerzum

Asteróide	Asteroid
Astronomia	Astronomije
Astrônomo	Astronom
Atmosfera	Atmosfera
Celestial	Nebesko
Céu	Nebo
Cósmico	Kosmičke
Eon	Eon
Equador	Ekvator
Galáxia	Galaksija
Hemisfério	Hemisfere
Horizonte	Horizont
Inclinar	Nagib
Lua	Mesec
Órbita	Orbitu
Solar	Solarne
Solstício	Solsticija
Telescópio	Teleskop
Visível	Vidljive
Zodíaco	Zodijaka

Vegetais
Povrće

Abóbora	Bundeve
Aipo	Celer
Alcachofra	Artičoke
Alho	Beli Luk
Batata	Krompir
Beringela	Patlidžan
Brócolis	Brokoli
Cebola	Luk
Cenoura	Šargarepa
Chalota	Šalot
Cogumelo	Gljiva
Ervilha	Graška
Espinafre	Spanać
Gengibre	Đumbir
Nabo	Repa
Pepino	Krastavac
Rabanete	Rotkvica
Salada	Salata
Salsa	Peršun
Tomate	Paradajz

Veículos
Vozila

Ambulância	Hitnu
Avião	Avion
Balsa	Trajekt
Barco	Čamac
Bicicleta	Bicikl
Caminhão	Kamion
Caravana	Karavan
Carro	Kola
Foguete	Raketa
Helicóptero	Helikopter
Jangada	Splav
Lambreta	Skuter
Metrô	Metro
Motor	Motor
Ônibus	Autobus
Pneus	Gume
Submarino	Podmornice
Táxi	Taksi
Transporte	Šatl
Trator	Traktor

Parabéns

Conseguiu!

Esperamos que tenha gostado tanto deste livro como nós gostamos de o desenhar. Esforçamo-nos por criar livros da mais alta qualidade possível.
Esta edição foi concebida para proporcionar uma aprendizagem inteligente, de qualidade e divertida!

Gostou deste livro?

Um simples pedido

Estes livros existem graças às críticas que publica.
Pode ajudar-nos, deixando agora uma revisão?

Aqui está um pequeno link para
a sua página de revisão:

BestBooksActivity.com/Avaliacoes50

DESAFIO FINAL!

Desafio n° 1

Está pronto para o seu jogo grátis? Usamo-los a toda a hora, mas não são tão fáceis de encontrar - aqui estão os **Sinônimos!**
Escreva 5 palavras que encontrou nos puzzles (n° 21, n° 36, n° 76) e tente encontrar 2 sinónimos para cada palavra.

Escreva 5 palavras de **Puzzle 21**

Palavras	Sinônimo 1	Sinônimo 2

Escreva 5 palavras de **Puzzle 36**

Palavras	Sinônimo 1	Sinônimo 2

Escreva 5 palavras de **Puzzle 76**

Palavras	Sinônimo 1	Sinônimo 2

Desafio n° 2

Agora que já aqueceu, escreva 5 palavras que encontrou nos Puzzles (n° 9, n° 17 e n° 25) e tente encontrar 2 antônimos para cada palavra. Quantos se podem encontrar em 20 minutos?

Escreva 5 palavras de **Puzzle 9**

Palavras	Antônimo 1	Antônimo 2

Escreva 5 palavras de **Puzzle 17**

Palavras	Antônimo 1	Antônimo 2

Escreva 5 palavras de **Puzzle 25**

Palavras	Antônimo 1	Antônimo 2

Desafio n° 3

Óptimo! Este desafio final não é nada para si.

Pronto para o desafio final? Escolha 10 palavras que tenha descoberto nos diferentes puzzles e escreva-as abaixo.

1.	6.
2.	7.
3.	8.
4.	9.
5.	10.

Agora escreva um texto a pensar numa pessoa, num animal ou num lugar de seu agrado.

Pode utilizar a última página deste livro como um rascunho.

A Sua Composição:

CADERNO DE NOTAS:

ATÉ BREVE!

A equipa Inteira

DESCUBRA JOGOS GRATUITOS

GO

BESTACTIVITYBOOKS.COM/FREEGAMES